ACTO DE INVESTIDURA COMO
DOCTOR *HONORIS CAUSA*
POR LA UNIVERSIDAD DE LLEIDA,
LA UNIVERSIDAD DE ZARAGOZA,
LA UNIVERSIDAD PÚBLICA DE NAVARRA
Y LA UNIVERSIDAD DE LA RIOJA
INTEGRADAS EN EL CONSORCIO
CAMPUS IBERUS
DE

Don Juan Manuel Santos Calderón

Lleida, 19 de febrero de 2025

Prensas de la Universidad de Zaragoza
Edificio de Ciencias Geológicas
c/ Pedro Cerbuna, 12 • 50009 Zaragoza, España
Tel.: 976 761 330
puz@unizar.es   http://puz.unizar.es

Impreso en España
Imprime: Servicio de Publicaciones. Universidad de Zaragoza
ISBN 978-84-1340-975-7
Depósito legal: Z 193-2025

ÍNDICE

CEREMONIAL DEL ACTO DE INVESTIDURA COMO DOCTOR *HONORIS CAUSA* POR LA UNIVERSIDAD DE LLEIDA, LA UNIVERSIDAD DE ZARAGOZA, LA UNIVERSIDAD PÚBLICA DE NAVARRA Y LA UNIVERSIDAD DE LA RIOJA INTEGRADAS EN EL CONSORCIO CAMPUS IBERUS DE

Don Juan Manuel Santos Calderón

Lleida, 19 de febrero de 2025

DESARROLLO DEL ACTO

Interpretación musical:
Canticorum iubilo (Georg Friedrich Haendel)

Entrada de las autoridades académicas

Bienvenida e intervención del Rector Magnífico de la Universidad de Lleida

El Rector solicita la lectura de las Actas de Nombramiento de Doctor *Honoris Causa* de la Universidad de Lleida, la Universidad de Zaragoza, la Universidad Pública de Navarra y la Universidad de La Rioja a favor del señor Don Juan Manuel Santos Calderón.

Lectura de las disposiciones oficiales por la Secretaria General y los Secretarios Generales

El Rector indica a las madrinas Doctoras M.ª Ángeles Rueda, Inés Olaizola, M.ª Ángela Atienza López y al padrino Doctor Antonio Blanc Altemir que vayan a buscar al Doctor *Honoris Causa*.

Interpretación musical:
Historia de un amor (Los Panchos)

Entrada del Doctor *Honoris Causa* acompañado por sus madrinas y padrino, que, después de saludar a la Presidencia, ocupan sus asientos. Se mantiene para las madrinas y el padrino el orden de la mesa de Rectores y Rectora

Elogios

El Rector solicita a la madrina del señor Don Juan Manuel Santos Calderón, M.ª Ángela Atienza López, que haga uso de la palabra.

Elogio de los méritos del señor Don Juan Manuel Santos Calderón a cargo de la Doctora M.ª Ángela Atienza López.

El Rector anuncia que ha llegado el momento de proceder al acto solemne de investidura y el Claustro e invitados se ponen en pie.

El Rector Magnífico dirá:

El Secretario General de la Universidad Pública de Navarra tomará promesa de fidelidad al nuevo Doctor.

El Secretario General, desde el atril, leerá la fórmula de promesa:

¿Prometéis, por vuestra conciencia y honor, fidelidad a la Universidad de Lleida, la Universidad de Zaragoza, la Universidad Pública de Navarra y la Universidad de La Rioja, defender y guardar su honra y provecho, guardar los Estatutos que ahora son o por tiempo se hicieren, y llevar los derechos de los grados por entero y no soltarlos a persona alguna?

El Doctor *Honoris Causa* responderá:

Sí, prometo.

El Secretario General vuelve a la mesa, permaneciendo en pie.

El Rector Magnífico dirá:

Recibo vuestra promesa. Las Universidades son testigo y serán juez si faltareis al compromiso.

El Rector Magnífico, Dr. Jaume Puy Llorens, pronuncia las siguientes palabras:

Los Claustros de la Universidad de Lleida, la Universidad de Zaragoza, la Universidad Pública de Navarra y la Universidad de La Rioja en homenaje a sus méritos relevantes lo nombran Doctor Honoris Causa *de nuestras Universidades.*

Por la autoridad que me ha sido otorgada os entrego el título y os impongo el birrete laureado como símbolo de nuestro más alto magisterio, llevadlo como la corona de vuestros estudios y merecimientos.

Rector de la Universidad de Zaragoza:

Recibid los guantes blancos, símbolo de la pureza que deben conservar vuestras manos y signo también de vuestra alta categoría. Incorporado ya a nuestros Claustros.

Rector de la Universidad Pública de Navarra:

Recibid el anillo que representa el emblema del privilegio de sellar y firmar los dictámenes y consultas de vuestra ciencia y profesión.

Rectora de la Universidad de La Rioja:

Recibid, finalmente, el libro de la Ciencia y la Sabiduría, que os cumple cultivar y difundir sin descanso. Tened siempre presente que, por grande que sea vuestro talento, siempre deberéis manifestar reverencia, respeto y toda consideración a vuestros maestros, que han sido vuestros predecesores.

Cada Rector y Rectora abrazan al nuevo Doctor Honoris Causa.

Recibid, Señor Don Juan Manuel Santos Calderón, en nombre de todos los claustrales, un abrazo de fraternidad de quienes se honran y se congratulan de ser sus hermanos y compañeros.

Discurso del nuevo Doctor *Honoris Causa*

El Rector da la palabra al Señor Don Juan Manuel Santos Calderón.

Discurso del Excelentísimo Señor Don Juan Manuel Santos Calderón

Interpretación musical:
Himno a la Alegría (Ludwig van Beethoven)

Clausura

Discurso de bienvenida al Claustro del Rector Magnífico, Dr. Jaume Puy Llorens

Salida

11

El Rector solicita que el público se ponga en pie para participar en el canto del

Gaudeamus igitur (Johannes Brahms)

Salida de las autoridades académicas

Interpretaciones musicales a cargo del Quartet Havel

GAUDEAMUS IGITUR

Gaudeamus igitur,
iuvenes dum sumus;
gaudeamus igitur,
iuvenes dum sumus;
post iucundam iuventutem,
post molestam senectutem,
nos habebit humus,
nos habebit humus.

Ubi sunt qui ante nos
in mundo fuere?,
ubi sunt qui ante nos
in mundo fuere?:
transeas ad superos,
abeas ad inferos,
hos si vis videre,
hos si vis videre.

Vivat Academia!,
vivant professores!;
vivat Academia!,
vivant professores!;
vivat membrum quodlibet!,
vivant membra quaelibet!:
semper sint in flore!,
semper sint in flore!

Revisión del texto en latín: Matías López López

LAUDATIO
DOCTORADO *HONORIS CAUSA*
JUAN MANUEL SANTOS CALDERÓN

Saludos protocolarios que correspondan

***

> Vamos aprendiendo que la vida en paz vale la pena y que no hay mejor justicia que aquella que sirve a la paz [...] estamos aprendiendo a perdonar, a convivir, a respetar las diferencias, a debatir sin violencia, a recordar sin condenar; en otras palabras, aprendemos a ser humanos, verdaderamente humanos.

Son palabras de Juan Manuel Santos en un acto similar a este en la Sorbona hace no tantos años, en 2017.

En esas palabras se condensa buena parte del sentido del acto institucional que reúne a las cuatro universidades que conformamos Campus Iberus. Juan Manuel Santos ha recibido numerosos reconocimientos; el más relevante, sin duda, el Premio Nobel de la Paz, y además ha obtenido varios doctorados *honoris causa*, pero hoy recibe cuatro doctorados a la vez y eso es algo totalmente excepcional. Y así queremos empezar, señalando que se trata de una distinción excepcional, a la altura de un hombre excepcional.

Así como hoy entregamos un Doctorado *Honoris Causa* colectivo, también esta *laudatio* que yo les expondré es una *laudatio* de elaboración y de construcción colectiva, y mis palabras representan a mis colegas madrinas, la Doctora Inés Olaizola, de la Universidad Pública de Navarra, y la Doctora M.ª Ángeles Rueda, de la Universidad de Zaragoza, y a mi colega padrino de la Universidad de Lleida, el Doctor Antonio Blanc. Con ellos comparto este honor, que agradecemos

13

a nuestros rectores, de presentar a una personalidad intensamente comprometida con los grandes desafíos del mundo y reconocida internacionalmente por ello, a una persona sabia.

La tradición dice que la *laudatio* defienda los méritos del doctorando. Su trayectoria biográfica y política está repleta de hechos, acciones e iniciativas de indudable resonancia y reconocimiento. Pero les adelanto que hemos querido recorrer también sus escritos y sus palabras y, sobre todo, reconocer los valores de sus enseñanzas.

Todos ustedes conocen lo fundamental de la trayectoria de Juan Manuel Santos.

Juan Manuel Santos fue presidente de Colombia entre 2010 y 2018. Sus esfuerzos para suscribir un acuerdo de paz con las FARC y poner fin al larguísimo conflicto que lastraba la historia del país y la vida de sus gentes le valieron la concesión del Premio Nobel de la Paz en 2016. No es exagerado decir que, en esos años de presidencia, en la vida de los colombianos y colombianas se operaría un cambio excepcional. La firma de la paz constituía un gran hito histórico, pero también hay que recordar que en esos años se añadían otros logros: los indicativos sociales y económicos de prosperidad y de desarrollo de Colombia mejoraron muy significativamente. Detrás de todo ello estaba el esfuerzo de Juan Manuel Santos y de su equipo, como a él siempre le gusta recordar, poniendo énfasis en el trabajo colaborativo, colectivo. Y estaban también detrás los valores y los principios que han guiado siempre sus pasos y sobre los que volveremos después y que son también los que han inspirado otras iniciativas relevantes que superan las fronteras de Colombia. Desde luego, los acuerdos de paz lo han hecho, con su indudable repercusión para la comunidad internacional, mostrando los caminos de la resolución de conflictos en el mundo actual. Y mereciendo estudio académico, como tema de tesis doctorales en diversas universidades, entre ellas, una defendida aquí, en la Universidad de Lleida, dirigida por el padrino Doctor Blanc Altemir.

Juan Manuel Santos fue uno de los fundadores en 2011-2012 de la Alianza del Pacífico, un proyecto de colaboración económica y desarrollo entre Perú, Colombia, México y Chile. Y sus empeños también han superado este marco americano para asumir retos de escala mundial. Ahí está el papel principal y determinante que tuvo en el impulso de los Objetivos de Desarrollo Sostenible (ODS) de Naciones Unidas, que, como saben, se convirtieron en 2015 en la agenda del mundo.

Pero, además de los logros de su actividad política, queremos destacar que Juan Manuel Santos tiene una sólida y brillante formación académica, un *curriculum* que cualquier universidad se disputaría para incorporarlo a su claustro docente. Cuenta con un título en Economía y Administración de Empresas por la Universidad de Kansas y con estudios de posgrado en la London School of Economics y en la Escuela de Gobierno de la Universidad de Harvard. Fue becario Fulbright en la Escuela Fletcher de Leyes y Diplomacia y también becario Nieman en la Universidad de Harvard. Ha sido profesor visitante en Oxford, en Harvard, en Columbia... Y ha recibido, como hemos apuntado antes, títulos *honoris causa* en diferentes universidades, entre ellas la Sorbona y la London School of Economics.

No queremos dejar de resaltar su importante proyección intelectual, que se ha plasmado en la autoría de un buen número de libros que contienen su pensamiento político. Político en el sentido más noble del término, el que alude a la *polis,* a la comunidad política, el que remite a sus inquietudes humanas. A alguno de sus libros nos referiremos en nuestra intervención.

Juan Manuel Santos es una de las figuras políticas más destacadas del escenario internacional, con múltiples reconocimientos a las medidas y a las acciones impulsadas durante su trayectoria pública. La orientación de los méritos que justifican todos estos galardones y distinciones es bien significativa de sus grandes preocupaciones: la paz, el cambio climático, la pobreza y la desigualdad... Ahí refleja su compromiso infatigable con lo que todos y todas reconocemos como grandes desafíos del mundo.

El Nobel de la Paz es el más relevante de otros varios premios que ha recibido por la misma razón. Se suman a ellos diferentes galardones por sus políticas medioambientales para proteger la envidiable biodiversidad de su país y para combatir el cambio climático. Y sus políticas de lucha contra la pobreza y la desigualdad le han hecho merecedor también de otras distinciones. La lista de reconocimientos es, créanme, inmensa.

Y después de toda esta trayectoria brillante que apretadamente hemos resumido, y después de acumular tantísimos premios y galardones, nos encontramos a una persona que, déjenme que les cuente: confiesa que a él lo que le hace verdaderamente feliz es que le llamen *profesor Santos*. Es en su discurso en una ceremonia de grados en la Universidad de los Andes en 2019 cuando Juan Manuel Santos le cuenta al Rector un episodio vivido en Harvard en el que le habían preguntado cómo prefería que le llamaran: *Premio Nobel, Presidente...*, y su respuesta había sido: «si quieren honrarme y hacerme feliz de verdad, llámenme *profesor Santos*».

Y así queremos llamarle también nosotros. Profesor Santos. Porque le hace feliz, porque además lo es —ya hemos mencionado su actividad como profesor visitante en prestigiosas universidades—, pero también, y sobre todo, por el valor de sus enseñanzas, porque este Doctorado *Honoris Cau-*

sa reconoce fundamentalmente sus lecciones, las lecciones de su trayectoria y de los valores que la han ido inspirando e impulsando, la sabiduría de sus análisis, de sus preguntas críticas y de sus palabras, la valentía de sus respuestas y la fuerza de los principios que han ido guiando sus pasos y sus esfuerzos.

En esos hitos y logros de su trayectoria biográfica y política que apenas hemos punteado están bien presentes todas estas enseñanzas.

— El compromiso con los valores de la paz y la concordia, entendidos no solo como fines, sino como medios y condiciones necesarios para alcanzar otros bienes comunes que también son fines, y que buscan y significan progreso colectivo y compartido. Queremos destacar el valor que el profesor Santos da al triángulo paz, equidad y educación, y recordar las reflexiones sobre las que se articuló el Plan Nacional de Desarrollo 2014-2018 que él impulsó y que les leo:

> La paz, la equidad y la educación conforman un círculo virtuoso. Una sociedad en paz puede focalizar sus esfuerzos en el cierre de brechas y puede invertir recursos en mejorar la cobertura y calidad de su sistema educativo. Una sociedad equitativa en donde todos los habitantes gozan de los mismos derechos y oportunidades permite la convivencia pacífica y facilita las condiciones de formación en capital humano. Finalmente, una sociedad educada cuenta con una fuerza laboral calificada, que recibe los retornos a la educación a través de oportunidades de generación de ingresos y de empleos de calidad, y cuenta con ciudadanos que resuelven sus conflictos sin recurrir a la violencia.

Bueno, pues no solo hubo palabras, y merece la pena recordar un dato que es un hecho: en 2015, bajo su gobierno, la educación se convierte por vez primera en el sector con mayor participación en el presupuesto nacional, superando el destinado a defensa. Y Colombia avanzaba y prosperaba.

— También han nutrido sus empeños los valores de la cooperación y de la colaboración, igualmente entendidos como instrumentos para el progreso económico y social y para el bien común. De progreso compartido, de la necesidad de unir y superar barreras y fronteras nos habla la fundación de la Alianza del Pacífico y, desde luego, la perseverancia para lograr el acuerdo de los Objetivos de Desarrollo Sostenible.

— Detrás de las iniciativas del profesor Santos sin duda está también otro valor plenamente universitario: el valor del diálogo, del escuchar, el valor de la palabra —frente a la violencia— para confrontar ideas, para llegar a acuerdos y resolver problemas. Si lo piensan, muchos de los hitos que aplaudimos de su trayectoria son acuerdos: los acuerdos de paz, los acuerdos de los ODS... Todos sus esfuerzos se han volcado ahí, en llegar a acuerdos. Y todos han exigido diálogo, saber escuchar, hablar, buscar y querer entenderse con el otro. Y todos han implicado esfuerzos gigantescos. Y ahí está también otra lección, la que habla sobre el valor del esfuerzo, el valor del trabajo y de la perseverancia.

En estos valores y en estos esfuerzos que han impulsado el trabajo del profesor Santos se ve reflejada —y también animada— la razón de ser de Campus Iberus, que nació y viene trabajando día a día con la idea central de que la cooperación y la colaboración son fundamentales para el progreso conjunto, para alcanzar fines que son colectivos y se orientan al bien común, al de las universidades y al de la sociedad a la que servimos.

Late en esos compromisos y en las enseñanzas del profesor Santos un profundo sentido y sensibilidad humanista de alcance universal. El mismo con el que se ha dicho que escribió nuestro poeta Blas de Otero esos conocidos versos que anhelaban reconciliación tras la Guerra Civil y en los que se defendía y reclamaba la paz y la palabra.

> Escribo
> en defensa del reino
> del hombre y su justicia. Pido la paz
> y la palabra.

Pido la paz y la palabra. Las propuestas de Juan Manuel Santos para el progreso de la humanidad, el desarrollo económico, el compromiso con el medioambiente y la igualdad de todos, de hombres y mujeres, se contienen en multitud de documentos y actos gubernativos, pero también se desarrollan y se expresan en reflexiones y palabras en varios de sus libros, que muestran, como les hemos dicho al inicio, su talla intelectual. Hablo de libros que contienen valiosas lecciones del profesor Santos. No vamos a referirlos todos. Ahí está *La Tercera Vía,* que comparte con las conocidas propuestas de Tony Blair, y que contiene páginas y reflexiones preciosas de Santos sobre «el buen gobierno»; *La batalla por la paz,* donde narra todo el proceso que culminó en el fin de la guerra con las FARC y que abarca enseñanzas de alcance universal sobre y para la resolución de conflictos. También, su más reciente *La batalla contra la pobreza.*

Pero queremos distinguir el siguiente: *Un mensaje optimista para un mundo en crisis,* publicado en 2020, en plena pandemia de COVID. De ese libro desearíamos destacar dos aspectos. Uno, que no hemos mencionado aún, pero que ha tenido y tiene un lugar primordial en su pensar y en su hacer, es el reconocimiento expreso y contundente de que el progreso no es ni se alcanza sin la igualdad de género. Y otro es el que enhebra la misma concepción del libro y en el que el profesor Santos muestra la otra cara de lo que somos y hacemos los profesores: no solo enseñar, sino también aprender, querer saber, querer resolver problemas, construir conocimiento, estudiar y examinarnos continuamente.

Impresionan en este libro sus entrevistas a otras académicas y otros académicos porque en ellas somete a revisión sus políticas. Sus preguntas quieren saber qué se hizo bien, en qué se falló, cómo podríamos corregir, cómo podríamos mejorar, qué retos tenemos por delante, cómo abordarlos… y esto en las distintas áreas que han focalizado sus preocupaciones: economía, educación, salud, pobreza, medioambiente, paz. Esas preguntas son también preciosas lecciones. En ellas busca un diálogo productivo con esos académicos y académicas, en quienes pone su confianza para aprender y avanzar. Solo una de las entrevistas no se hace a un académico. Y es la conversación que tiene con Rodrigo Londoño, conocido con *Timochenko* por sus correligionarios, el líder de las FARC que firmó los acuerdos de paz en 2016. En esa entrevista Juan Manuel Santos le pregunta también, y entre otras cosas, qué hicieron mal. No los guerrilleros, sino ellos mismos, el Gobierno liderado por Juan Manuel Santos. Esa pregunta demuestra una enorme valentía, una valentía que es mucho más necesaria para la paz que para la guerra. Decía el coronel Aureliano Buendía (o, si lo prefieren, el genial colombiano maestro de la literatura universal que es Gabriel García Márquez) que es mucho más difícil terminar una guerra que comenzarla. Es mucho más difícil y también es mucho más valiente.

En fin, llega la hora de concluir esta intervención, y lo queremos hacer como empezamos, también con palabras de nuestro nuevo Doctor, ahora en su discurso del Nobel en

2016, que incluyen una preciosa cita de las palabras finales del *Ulises* de Tennyson:

> Tal vez hoy, más que nunca, podemos atrevernos a imaginar un mundo sin guerra. Lo imposible puede ser posible. {…] La clave […] es «esforzarse, buscar, encontrar y no rendirse».

PALABRAS DEL EXPRESIDENTE
DE LA REPÚBLICA DE COLOMBIA
Y PREMIO NOBEL DE LA PAZ 2016,
EN EL ACTO DE INVESTIDURA COMO DOCTOR
HONORIS CAUSA POR LA UNIVERSIDAD DE LLEIDA,
LA UNIVERSIDAD DE ZARAGOZA,
LA UNIVERSIDAD PÚBLICA DE NAVARRA
Y LA UNIVERSIDAD DE LA RIOJA
INTEGRADAS EN EL CONSORCIO CAMPUS IBERUS

Lleida, España, 19 de febrero de 2025

Rector Magnífico de la Universidad de Lleida, Dr. Jaume Puy Llorens;

Apreciadas madrinas, Doctora Inés Olaizola, de la Universidad Pública de Navarra; Doctora María Ángeles Rueda, de la Universidad de Zaragoza, y Doctora Ángela Atienza López, de la Universidad de La Rioja, y padrino, Doctor Antonio Blanc, de la Universidad de Lleida;

Académicos y estudiantes de las universidades que integran el Consorcio Campus Iberus;

Invitados especiales;

Amigas y amigos:

Hace menos de cuatro meses, a comienzos de octubre de 2024, en Bután, un pequeño reino en la cordillera de los Himalayas, rodeado por las dos naciones más populosas del planeta, ambas potencias nucleares, se realizó un foro que reunió a varios ganadores del Premio Nobel —este servidor incluido— con algunas de las mentes más brillantes para hablar de conciencia, sostenibilidad e innovación.

Bután no es una potencia económica ni militar. Pero tiene mucho de que enorgullecerse. Es el primer país del mundo en medir la calidad de vida de su gente a través de un Índice de Felicidad Bruta; fue pionero, junto con Colombia, en la adopción del Índice de Pobreza Multidimensional, y es también el primer país en ser carbono neutro, es decir, en el que sus bosques absorben más dióxido de carbono que el que emiten.

Mientras en Bután discutíamos la forma de mejorar el bienestar de nuestros pueblos y de respetar, cuidar y preservar la naturaleza y el planeta, en esas mismas fechas —en otras latitudes— seguía desarrollándose la tragedia de la guerra del hombre contra el hombre.

No más el primero de octubre del año pasado, Irán lanzó decenas de misiles contra Israel; las tropas israelíes incursionaron por tierra en el Líbano; la tragedia de Gaza sumaba más civiles, mujeres y niños asesinados y heridos; y ucranianos y rusos se mataban en nombre de la soberanía, a lo que hay que agregar las innumerables agresiones y actos violentos en diversos países de África, en Haití, en Siria, y en naciones estranguladas por las garras del narcotráfico, como México y Colombia.

Al mismo tiempo, atestiguamos la democracia asediada en Nicaragua y Venezuela; las mujeres sometidas en Afganistán; el florecimiento del populismo, la intolerancia y la xenofobia en países del mundo entero, y el dolor de miles de millones de seres humanos aprisionados por la hambruna y la desesperanza.

¡Qué contraste más grande! La paz bucólica de Bután, rodeado de montañas imponentes y colmado de templos y monasterios destinados a la oración y la meditación, en medio de un mundo convulso, autodestructivo y demente.

24

¿Cómo es que el ser humano puede ser capaz, al mismo tiempo, de actos de crueldad y destrucción, y de actos de amor, cuidado y elevación del espíritu?

Esto me preguntaba mientras pensaba en las palabras que pronunciaría aquí, al recibir este doctorado *honoris causa* de parte de cuatro universidades españolas —de las comunidades de Cataluña, Navarra, La Rioja y Aragón— que se reúnen para entregarme esta distinción, algo que me llena de orgullo y alegría.

Estos centros académicos reconocen en mí el esfuerzo que realicé, como presidente de Colombia, por alcanzar un acuerdo de paz con la guerrilla más grande y antigua del continente americano, luego de medio siglo de un conflicto interno armado que nos dejó más de ocho millones de víctimas y 220 000 muertos.

Fue un logro importante, por supuesto, que supuso la desmovilización de unos 13 000 combatientes, la entrega y destrucción de ingentes cantidades de armamento y municiones que se fundieron y convirtieron en monumentos artísticos, y la recuperación del control del Estado sobre zonas antes vedadas del territorio nacional.

Infortunadamente, la codicia de las organizaciones criminales y la ceguera de algunos de nuestros dirigentes que no han dado suficiente impulso a la implementación del acuerdo de paz han generado que la violencia —que había bajado a niveles mínimos cuando firmamos la paz— vuelva a aflorar y crecer en varias zonas de Colombia.

Lo digo sin amargura, pero con realismo. Si no nos comprometemos efectivamente con el logro y el mantenimiento de la paz, los impulsos dementes de destrucción y ataque vuelven a apoderarse de los corazones.

Y lo digo no solo refiriéndome a mi país, sino al mundo entero.

Si no desarmamos los espíritus, jamás cesarán las guerras.

Si no cultivamos —como lo vi en Bután— la meditación y la compasión en nuestro interior, el mundo seguirá a la deriva, con la amenaza vigente de la autodestrucción si alguien comete la temeridad de utilizar las armas nucleares.

Bien decía Martin Luther King Jr.: «Quienes aman la paz deben aprender a organizarse tal como lo hacen aquellos que aman la guerra».

Hoy parecería —cuando vemos el panorama global— que los fabricantes y vendedores de armas y material bélico; los que se lucran de negocios ilícitos como el narcotráfico, la minería ilegal o la trata de personas; los dictadores que se aferran al poder por ambición, mesianismo o temor a las represalias de la justicia; los fanáticos que interpretan los dogmas religiosos en clave de odio y separación, todos ellos, estuvieran mejor organizados que los que amamos la paz.

Los organismos multilaterales y la diplomacia contemplan atónitos e inoperantes cómo la humanidad camina hacia el abismo en guerras insensatas entre sí y contra la naturaleza.

Porque la paz —y esto lo he repetido y repetiré dondequiera que esté— debemos hacerla no solo entre nosotros, sino también con la naturaleza, con la madre Tierra, a la que estamos asfixiando con nuestras actividades extractivas y nuestro consumismo desaforado.

¿Qué le pasa al hombre como especie?, me he venido preguntando en estos años. ¿Cómo podemos atacar al otro, sabiendo que solo sembramos más dolor y la semilla de nuevos ataques que nos golpearán tarde o temprano?

El dilema no es solo un tema de tierras, poder o fanatismos. El dilema real es entre el miedo y el amor.

El miedo divide y el amor congrega. El miedo nos hace ver a los otros como diferentes y como potenciales atacantes, y el amor nos hace ver a los otros como nuestros hermanos y como parte misma de nuestro ser.

El que tiene miedo ataca. El que tiene amor comprende y abraza.

El que tiene miedo cree en un mundo de escasez, se aferra a su porción de posesiones y pelea por ellas a muerte. El que ama se da cuenta de que vivimos en un reino de abundancia donde podría haber alimentos, casa y bienestar para todos.

El que teme golpea con los ojos cerrados. El que ama tiene los ojos abiertos para ver la chispa de luz que hay en todo ser humano, y comprende que incluso el que odia no hace otra cosa que pedir amor, por medios inadecuados.

Hoy, en este acto en el que se me ha entregado simbólicamente el libro de la Ciencia y la Sabiduría, es necesario proclamar que no habrá paz en nuestras calles, en nuestros campos, ciudades y países, en nuestro mundo, en tanto el ser humano no busque y encuentre la paz que habita en su interior.

El camino es hacia adentro.

Ustedes me dirán: son bonitas palabras que resuenan en nuestros corazones, pero ¿cómo podemos ponerlas en práctica en medio de la demencia violenta y destructora que nos rodea?

La respuesta es sencilla: la paz interior no hace ruido ni ostentaciones, pero es tan efectiva para sembrar la paz en el exterior como un arma nuclear lo es para destruir la vida.

Ninguno de nosotros puede resolver los conflictos del mundo, ni siquiera los conflictos de su comunidad, solo. Pero cada uno de nosotros, si tomamos conciencia de nuestra participación en el todo, podemos hacer nuestra parte.

Empecemos por hacer la paz con nosotros mismos, con nuestros miedos, culpas y creencias, muchos de ellos inculcados por nuestros mayores, que los recibieron de sus ancestros, en una cadena de rencores y venganzas que tiene que terminar.

Podemos empezar a decir *basta* a los odios heredados, a las afiliaciones que excluyen, a los nacionalismos que separan, a las ideologías y los fanatismos. Y esto ya sería un gran comienzo.

Tenemos que descubrir —cada uno— cuál es la parte de solución que tenemos a nuestro alcance y poner manos a la obra.

Si soy líder, lideraré para la paz. Si soy académico, enseñaré conceptos y ejemplos de paz. Si soy estudiante, aprenderé los caminos de la paz. Si soy obrero o campesino, trabajaré con mis manos por la paz. Si soy militar, me negaré a empuñar mi arma contra indefensos y a seguir órdenes que violenten mi conciencia.

¡Todos podemos ser, como oraba tan bellamente Francisco de Asís, *instrumentos de paz*!

¡Todos podemos ser, desde nuestra esfera de influencia, desde nuestro hogar, nuestra escuela, nuestro atril, salvadores del mundo!

Vuelvo a citar a Martin Luther King en dos frases que resumen lo que he expuesto: «La oscuridad no puede expulsar a la oscuridad, solo la luz puede hacerlo. El odio no puede expulsar al odio, solo el amor puede hacerlo».

Fui ministro de Defensa de mi país —en otras partes lo llaman ministro de la Guerra— y lideré desde mi cargo la ofensiva militar y policial contra los grupos armados ilegales y las organizaciones del narcotráfico, lo que me ganó el aplauso popular.

Cuando llegué a ser presidente y —sin renunciar al uso de la fuerza del Estado para reprimir la delincuencia— inicié diálogos de paz con la guerrilla, muchos me llamaron traidor.

Prefiero ser traidor de los que solo creen en la guerra que traidor de mi propia conciencia.

Hoy siento que hice lo correcto. Hoy proclamo que al diálogo siempre hay que darle una oportunidad y que, si dejamos de aferrarnos al pasado y sus secuelas, podemos construir un presente digno de nuestro potencial como co-creadores del universo.

Como cantaba John Lennon, tenemos que «darle una oportunidad a la paz».

Cada puerta que cerramos, cada mesa de diálogo que se rompe, cada tregua que se niega son años o décadas más de pobreza, destrucción, dolor y muerte.

Tal vez no todos podamos tener injerencia en las decisiones que afectan el destino de la humanidad —yo hago lo que puedo desde mi posición de expresidente y premio Nobel, y en agrupaciones que buscan caminos de entendimiento, como The Elders—, pero cada uno de nosotros sí puede sumar su parte para llegar a una masa crítica que se haga valer.

Una masa crítica que les diga a los dirigentes del mundo que no aceptamos más la doble moral de hablar de paz y suministrar los recursos y las armas para la guerra.

Una masa crítica que les diga a los instigadores del odio que hay una forma de vivir compartiendo la tierra y las riquezas culturales y económicas del planeta, en abundancia, y sin excluirnos unos de otros.

Una masa crítica que les recuerde a los líderes religiosos envenenados por el fanatismo que el denominador común de todas las religiones es el amor, y que el amor no discrimina, ni busca venganza, ni mucho menos conoce lo que es el odio o el ataque; solo la compasión y la bondad.

Hoy me han entregado unos guantes blancos, que simbolizan la pureza que deben conservar mis manos.

Mi deseo es que cada líder, cada soldado, cada ser humano se despoje de los guantes ensangrentados que por tantos siglos hemos llevado puestos, de los resentimientos que solo perpetúan la cadena del dolor, y nos enfundemos los guantes blancos de la pureza de espíritu e intención.

Como decía Spinoza: «La paz no es la ausencia de guerra; es una virtud, un estado de la mente, una disposición a la benevolencia, la confianza y la justicia».

¿Soy un idealista? Tal vez. Uno con los años o se vuelve idealista o se vuelve amargado. Y prefiero lo primero.

Pero sé que juntando los ideales, de dos en dos, de cuatro en cuatro, de cien en cien, de mil en mil, sentaremos los cimientos de una nueva humanidad.

Vuelvo a citar a Lennon: «Podrán decir que soy un soñador, pero no soy el único».

Apreciados amigos del Consorcio Campus Iberus:

Les agradezco de corazón esta distinción que hoy me otorgan y acepto emocionado este doctorado honorífico que me hace, a partir de ahora, miembro privilegiado de su gran comunidad académica.

Llevaré este honor conmigo como un recordatorio de que ningún esfuerzo por la paz, en mi país o en el mundo, será un esfuerzo perdido.

Somos parte de una misma familia humana —que no se divide por las razas, las religiones, las opiniones políticas, las preferencias sexuales, sino, todo lo contrario, se enriquece en su diversidad— y debemos obrar como familia: a veces nos abrazamos y queremos y otras discutimos y nos distanciamos, pero jamás empuñaríamos un arma el uno contra el otro.

Porque sabemos que somos criaturas que compartimos el mismo barro y la misma chispa divina, y que el daño que hacemos al otro nos lo hacemos a nosotros mismos.

Si recordamos esto, si tan solo grabáramos en nuestra conciencia que somos uno y que nos reflejamos en los demás; si nos convertimos en la muestra de la compasión y el amor; si apostamos por el diálogo en lugar de la confrontación, entonces estaremos haciendo nuestra parte.

No se nos pide más. Pero tampoco se nos pide menos.

Muchas gracias.

CERIMONIAL ACTE D'INVESTIDURA COM A DOCTOR *HONORIS CAUSA* PER LA UNIVERSITAT DE LLEIDA, LA UNIVERSITAT DE SARAGOSSA, LA UNIVERSITAT PÚBLICA DE NAVARRA I LA UNIVERSITAT DE LA RIOJA INTEGRADES EN EL CONSORCI CAMPUS IBERUS DE

Don Juan Manuel Santos Calderón

Lleida, 19 de febrer de 2025

DESENVOLUPAMENT DE L'ACTE

Interpretació musical:
Canticorum iubilo (Georg Friedrich Haendel)
Entrada de les autoritats acadèmiques
Benvinguda i intervenció del Rector Magnífic de la Universitat de Lleida

El rector demana la lectura de les actes de nomenament de doctor *honoris causa* de la Universitat de Lleida, la Universitat de Saragossa, la Universitat Pública de Navarra i la Universitat de La Rioja a favor del Sr. Juan Manuel Santos Calderón.

Lectura de les disposicions oficials pels quatre secretaris generals

El rector indica als padrins, Dra. M. Ángeles Rueda, Dra. Inés Olaizola, Dra. M. Ángela Atienza López i Dr. Antonio Blanc Altemir, que vagin a cercar el doctor *honoris causa*.

Interpretació musical:
Historia de un amor (Los Panchos)
Entrada del doctor *honoris causa* acompanyat dels padrins. Després de saludar la presidència, ocupen els seus seients. Es manté per als padrins l'ordre de la taula de rectors

Elogis

El rector demana a la padrina del Sr. Juan Manuel Santos Calderón, Dra. M. Ángela Atienza López, que faci ús de la paraula.

Elogi dels mèrits del Sr. Juan Manuel Santos Calderón
a càrrec de la Dra. M. Ángela Atienza López.

El rector anuncia que ha arribat el moment de l'acte solemne d'investidura i el Claustre i els invitats s'alcen.

El rector diu:

El secretari general de la Universitat Pública de Navarra prendrà promesa de fidelitat al nou doctor.

El secretari general, des del faristol, llegeix la fórmula de promesa:

Prometeu, per la vostra consciència i honor, fidelitat a la Universitat de Lleida, la Universitat de Saragossa, la Universitat Pública de Navarra i la Universitat de La Rioja, defensar i guardar llurs honra i profit, guardar llurs Estatuts actuals i futurs i portar els drets dels graus completament i no lliurar-los a ningú?

El doctor *honoris causa* respondrà:

Sí, ho prometo.

El secretari general torna a la taula i continua dret.

El rector diu:

Rebo la vostra promesa. Les universitats en són testimoni i seran jutge si falteu al compromís.

Investidura

El rector Jaume Puy Llorens pronuncia les paraules següents:

Els claustres de la Universitat de Lleida, la Universitat de Saragossa, la Universitat Pública de Navarra i la Universitat de La Rioja, en homenatge als seus mèrits rellevants el nomenen doctor honoris causa *de les nostres universitats.*

Per l'autoritat que m'ha estat atorgada us lliuro el títol i us imposo el birret llorejat com a símbol del nostre més alt magisteri. Porteu-lo com la corona dels vostres estudis i mereixements.

Rector de la Universitat de Saragossa:

Rebeu els guants blancs, símbol de la puresa que han de conservar les vostres mans i signe també de la vostra alta categoria. Incorporat ja als nostres claustres.

Rector de la Universitat Pública de Navarra:

Rebeu l'anell que representa l'emblema del privilegi de segellar i signar els dictàmens i consultes de la vostra ciència i professió.

Rectora de la Universitat de La Rioja:

Rebeu, finalment, el llibre de la Ciència i la Saviesa, que heu de cultivar i difondre sense descans. Tingueu sempre present que, per gran que sigui el vostre talent, sempre haureu de manifestar reverència, respecte i tota consideració als vostres mestres, que han estat els vostres predecessors.

Els rectors abracen el nou doctor honoris causa.

Rebeu, Sr. Juan Manuel Santos Calderón, en nom de tots els claustrals, una abraçada de fraternitat dels qui s'honren i es congratulen de ser germans i companys vostres.

Discurs del nou doctor *honoris causa*

El rector dona la paraula al Sr. Juan Manuel Santos Calderón.

Discurs de l'Excel·lentíssim Senyor Juan Manuel Santos Calderón

Interpretació musical:
Himno a la Alegría (Ludwig van Beethoven)

Clausura

Discurs de benvinguda al Claustre del Rector Magnífic, Dr. Jaume Puy Llorens

Sortida

El rector demana que el públic s'alci per participar en el cant del

Gaudeamus igitur (Johannes Brahms)

Sortida de les autoritats acadèmiques

Interpretacions musicals a càrrec del Quartet Havel

GAUDEAMUS IGITUR

Gaudeamus igitur,
iuvenes dum sumus;
gaudeamus igitur,
iuvenes dum sumus;
post iucundam iuventutem,
post molestam senectutem,
nos habebit humus,
nos habebit humus.

Ubi sunt qui ante nos
in mundo fuere?,
ubi sunt qui ante nos
in mundo fuere?:
transeas ad superos,
abeas ad inferos,
hos si vis videre,
hos si vis videre.

Vivat Academia!,
vivant professores!;
vivat Academia!,
vivant professores!;
vivat membrum quodlibet!,
vivant membra quaelibet!:
semper sint in flore!,
semper sint in flore!

Revisió del text llatí: Matías López López

LAUDATIO
DOCTORAT *HONORIS CAUSA*
JUAN MANUEL SANTOS CALDERÓN

Salutacions protocol·làries que corresponguin

***

> Anem aprenent que la vida en pau val la pena i que no hi ha millor justícia que aquella que serveix la pau […] estem aprenent a perdonar, a conviure, a respectar les diferències, a debatre sense violència, a recordar sense condemnar; en altres paraules, aprenem a ser humans, veritablement humans.

Són paraules de Juan Manuel Santos en un acte similar a aquest a la Sorbona no fa gaires anys, el 2017.

En aquestes paraules es condensa bona part del sentit d'aquest acte institucional que reuneix les quatre universitats que formem el Campus Iberus. Juan Manuel Santos ha rebut nombrosos reconeixements; el més rellevant, sens dubte, el Premi Nobel de la pau, i també ha obtingut diversos doctorats *honoris causa*, però avui rep quatre doctorats alhora i això és una cosa totalment excepcional. I així volem començar, assenyalant que es tracta d'una distinció excepcional, a l'altura d'un home excepcional.

Així com avui lliurem un doctorat *honoris causa* col·lectiu, també aquesta *laudatio* que els exposaré és una *laudatio* d'elaboració i de construcció col·lectiva, i les meues paraules representen també les meues col·legues padrines, la Dra. Inés Olaizola, de la Universitat Pública de Navarra, i la Dra. M. Ángeles Rueda, de la Universitat de Saragossa, i el meu col·lega padrí de la Universitat de Lleida, el Dr. Antonio Blanc. Amb ells comparteixo aquest honor, que agraïm als nostres rectors, de presentar una personalitat intensament compromesa amb els grans desafiaments del món i reconeguda internacionalment per això, una persona sàvia.

La tradició diu que la *laudatio* ha de defensar els mèrits del doctorand. La seua trajectòria biogràfica i política està replena de fets, accions i iniciatives d'indubtable ressonància i reconeixement. Però els avanço que hem volgut recórrer també els seus escrits i les seues paraules i, sobretot, reconèixer els valors dels seus ensenyaments.

Tots vostès coneixen els trets fonamentals de la trajectòria de Juan Manuel Santos.

Juan Manuel Santos va ser president de Colòmbia entre el 2010 i el 2018. Els seus esforços per subscriure un acord de pau amb les FARC i posar fi al llarguíssim conflicte que llastava la història del país i la vida de la seua gent, li van valer la concessió del Premi Nobel de la pau el 2016. No és exagerat dir que, en aquells anys de presidència, en la vida dels colombians i colombianes es produiria un canvi excepcional. La signatura de la pau constituïa una gran fita històrica, però també cal recordar que en aquells anys s'hi afegien altres èxits: els indicadors socials i econòmics de prosperitat i de desenvolupament de Colòmbia van millorar molt significativament. Darrere de tot això hi havia l'esforç de Juan Manuel Santos i del seu equip, com a ell sempre li agrada recordar, posant èmfasi en el treball col·laboratiu, col·lectiu. I estaven també darrere dels valors i els principis que han guiat sempre els seus passos, sobre els quals tornarem després, i que són també els que han inspirat altres iniciatives rellevants que superen les fronteres de Colòmbia. Per descomptat, els acords de pau hi han reeixit, amb la seua indubtable repercussió per a la comunitat internacional, i han mostrat els camins de la resolució de conflictes en el món actual. I han merescut estudi acadèmic, com a tema de tesis doctorals en diverses universitats, una de les quals va ser defensada aquí a la Universitat de Lleida, dirigida pel padrí Dr. Blanc Altemir.

Juan Manuel Santos va ser un dels fundadors el 2011-2012 de l'Aliança del Pacífic, un projecte de col·laboració econòmica i desenvolupament entre Perú, Colòmbia, Mèxic i Xile. I els seus afanys també han superat aquest marc americà i han assumit reptes que són mundials, d'escala mundial. Aquí hi ha el paper principal i determinant que va tenir en l'impuls dels objectius de desenvolupament sostenible (ODS) de les Nacions Unides, que, com saben, es van convertir el 2015 en l'agenda del món.

Però, a més de les fites de la seua activitat política, volem destacar que Juan Manuel Santos té una sòlida i brillant formació acadèmica, un currículum que qualsevol universitat es disputaria per incorporar-lo al seu claustre docent. Té un títol en Economia i Administració d'Empreses per la Universitat de Kansas i estudis de postgrau a la London School of Economics i a l'Escola de Govern de la Universitat Harvard. Va ser becari Fulbright a l'Escola Fletcher de Lleis i Diplomàcia i també becari Nieman a la Universitat Harvard. Ha estat professor visitant a Oxford, a Harvard, a Columbia... I ha rebut, com hem apuntat abans, títols *honoris causa* en diferents universitats, entre les quals hi ha la Sorbona i la London School of Economics.

No volem deixar de ressaltar també la seua important projecció intel·lectual, que s'ha plasmat en l'autoria d'un bon nombre de llibres que contenen el seu pensament polític. Polític en el sentit més noble del terme, el que al·ludeix a la *polis*, a la comunitat política, la qual cosa remet a les seues inquietuds humanes. En la nostra intervenció ens referirem a algun dels seus llibres.

Juan Manuel Santos és una de les figures polítiques més destacades de l'escenari internacional, amb múltiples reconeixements a les mesures i a les accions impulsades durant la seua trajectòria pública. L'orientació dels mèrits que justifiquen tots aquests guardons i distincions és ben significativa de les grans preocupacions que té: la pau, el canvi climàtic, la pobresa i la desigualtat... Aquí reflecteix el seu compromís infatigable amb el que tots i totes reconeixem com a grans desafiaments del món.

El Nobel de la pau és el més rellevant d'altres diversos premis que ha rebut per la mateixa raó. S'hi sumen diferents guardons per les seues polítiques mediambientals per protegir l'envejable biodiversitat del seu país i per combatre el canvi climàtic. I les seues polítiques de lluita contra la pobresa i la desigualtat l'han fet mereixedor també d'altres distincions. La llista de reconeixements és —creguin-me— immensa.

I després de tota aquesta trajectòria brillant que hem resumit molt, i després d'acumular tantíssims premis i guardons, ens trobem una persona que —deixin-me que els ho digui— confessa que a ell el que el fa veritablement feliç és que l'anomenin *professor Santos*. És en el seu discurs en una cerimònia de graus a la Universitat dels Andes el 2019 quan Juan Manuel Santos explica al rector un episodi viscut a Harvard en el qual li havien preguntat com preferia que li diguessin: Premi Nobel, president..., i que la seua resposta havia estat: «si volen honrar-me i fer-me feliç de veritat, diguin-me *professor Santos*».

I així volem anomenar-lo també nosaltres. Professor Santos. Perquè el fa feliç, perquè a més ho és —ja hem esmentat la seua activitat com a professor visitant en prestigioses universitats—, però també, i sobretot, pel valor dels seus ensenyaments, perquè aquest doctorat *honoris causa* reconeix fonamentalment les seues lliçons, les lliçons de la seua trajectòria i dels valors que l'han anat inspirant i impulsant, la saviesa de les seues anàlisis, de les seues preguntes crítiques i de les seues paraules, la valentia de les seues respostes i la força dels principis que han anat guiant els seus passos i els seus esforços.

En aquestes fites i assoliments de la seua trajectòria biogràfica i política que només hem assenyalat estan ben presents tots aquests ensenyaments.

— El compromís amb els valors de la pau i la concòrdia, entesos no solament com a fins, sinó com a mitjans i condicions necessaris per assolir altres béns comuns que també són fins, i que cerquen i signifiquen progrés col·lectiu i compartit. Volem destacar el valor que el professor Santos dona al triangle pau, equitat i educació, i recordem les reflexions sobre les quals es va articular el Pla nacional de desenvolupament 2014-2018 que va impulsar i que els llegeixo:

> La pau, l'equitat i l'educació formen un cercle virtuós. Una societat en pau pot focalitzar els seus esforços en el tancament de bretxes i pot invertir recursos a millorar la cobertura i qualitat del seu sistema educatiu. Una societat equitativa en la qual tots els habitants tenen els mateixos drets i oportunitats permet la convivència pacífica i facilita les condicions de formació en capital humà. Finalment, una societat educada té una força laboral qualificada, que rep els retorns a l'educació a través d'oportunitats de generació d'ingressos i d'ocupació de qualitat, i té ciutadans que resolen els seus conflictes sense recórrer a la violència.

Bé, doncs no solament hi va haver paraules, i val la pena recordar una dada que és un fet: el 2015, sota el seu govern, l'educació es converteix per primera vegada en el sector amb més participació en el pressupost nacional, superant el destinat a defensa. I Colòmbia avançava i prosperava.

— També han nodrit els seus interessos els valors de la cooperació i de la col·laboració, igualment entesos com a instruments per al progrés econòmic i social i per al bé comú. De progrés compartit, de la necessitat d'unir i superar barreres i fronteres ens en parla la fundació de l'Aliança del Pacífic i, per descomptat, la perseverança per aconseguir l'acord dels ODS.

— Darrere de les iniciatives del professor Santos sens dubte hi ha també un altre valor plenament universitari: el valor del diàleg, de l'escolta, el valor de la paraula —davant de la violència— per confrontar idees, per arribar a acords i resoldre problemes. Si ho pensen, moltes de les fites que aplaudim de la seua trajectòria són acords: els acords de pau, els acords dels ODS… Tots els seus esforços s'han bolcat a arribar a acords. I tots han exigit diàleg, saber escoltar, parlar, cercar i voler entendre's amb altri. I tots han implicat esforços gegantins. I aquí hi ha també una altra lliçó, la que parla sobre el valor de l'esforç, el valor del treball i de la perseverança.

En aquests valors i en aquests esforços que han impulsat el treball del professor Santos es veu reflectida —i també animada— la raó de ser del Campus Iberus, que va nàixer i treballa dia a dia amb la idea central que la cooperació i la col·laboració són fonamentals per al progrés conjunt, per assolir fins que són col·lectius i s'orienten al bé comú, al de les universitats i al de la societat a la qual servim.

Bategа en aquests compromisos i en els ensenyaments del professor Santos un profund sentit i sensibilitat humanista d'abast universal. El mateix amb què s'ha dit que va escriure el nostre poeta Blas de Otero aquells coneguts versos que anhelaven reconciliació després de la Guerra Civil i en què es defensava i reclamava la pau i la paraula.

> Escribo
> en defensa del reino
> del hombre y su justicia. Pido la paz
> y la palabra.

Pido la paz y la palabra ('Demano la pau i la paraula'). Les propostes de Juan Manuel Santos per al progrés de la humanitat, el desenvolupament econòmic, el compromís amb el medi ambient i la igualtat de tothom, d'homes i dones, estan en multitud de documents i actes governatius, però també es desenvolupen i s'expressen en reflexions i paraules en diversos dels seus llibres, que mostren, com els hem dit a l'inici, la seua talla intel·lectual. Parlo de llibres que contenen valuoses lliçons del professor Santos. No els referirem tots. Hi ha *La Tercera Vía*, que comparteix amb les conegudes propostes de Tony Blair, i que conté pàgines i reflexions precioses de Santos sobre «el bon govern»; *La batalla por la paz*, on narra tot el procés que va culminar en la fi de la guerra amb les FARC i que conté ensenyaments d'abast universal sobre i per a la resolució de conflictes. També el més recent *La batalla contra la pobreza*.

Però volem distingir *Un mensaje optimista para un mundo en crisis*, publicat el 2020, en plena pandèmia de COVID. D'aquest llibre en volem destacar dos aspectes. L'un, que no hem esmentat encara, però que ha tingut i té un lloc primordial en el seu pensament i en la seua actuació, és el reconeixement exprés i contundent que el progrés no és ni s'assoleix sense la igualtat de gènere. I l'altre és el que enfila la concepció mateixa del llibre i en què el professor Santos mostra l'altra cara del que som i fem els professors: no només ensenyar sinó també aprendre, voler saber, voler resoldre problemes, construir coneixement, estudiar i examinar-nos contínuament.

Impressionen en aquest llibre les entrevistes a altres acadèmics i acadèmiques, perquè hi sotmet a revisió les seues polítiques. Les seues preguntes volen saber què es va fer bé, en què es va fallar, com podríem corregir, com podríem millorar, quins reptes tenim al davant, com els podem abordar... i això en les diferents àrees que han focalitzat les seues preocupacions: economia, educació, salut, pobresa, medi ambient, pau. Aquestes preguntes són també precioses lliçons. Hi busca un diàleg productiu amb aquests acadèmics i acadèmiques, en els quals diposita la confiança per aprendre i avançar. Només una de les entrevistes no es fa a un acadèmic. I és la conversa que té amb Rodrigo Londoño, conegut com a Timochenko pels seus correligionaris, el líder de les FARC que va firmar els acords de pau el 2016. En aquesta entrevista Juan Manuel Santos li pregunta també, i entre altres coses, què vam fer malament. No ells, no els guerrillers, sinó ells mateixos, el govern liderat per Juan Manuel Santos. Aquesta pregunta demostra una enorme valentia, una valentia que és molt més necessària per a la pau que no pas per a la guerra. Deia el coronel Aureliano Buendía (o, si ho prefereixen, el genial colombià mestre de la literatura universal que és Gabriel García Márquez) que és molt més difícil acabar una guerra que no pas començar-la. És molt més difícil i també és molt més valent.

En fi, arriba l'hora d'acabar aquesta intervenció, i ho volem fer com hem començat, també amb paraules del nostre nou doctor, ara en el seu discurs del Nobel el 2016, que inclouen una preciosa cita de les paraules finals de l'*Ulisses* de Tennyson:

> Potser, avui més que mai, podem atrevir-nos a imaginar un món sense guerra. L'impossible pot ser possible. [...] La clau [...] és ser «ardits d'obrar, cercar, trobar i mai defallir».

PARAULES DE L'EXPRESIDENT
DE LA REPÚBLICA DE COLÒMBIA
I PREMI NOBEL DE LA PAU 2016,
EN L'ACTE D'INVESTIDURA COM A DOCTOR *HONORIS
CAUSA* PER LES UNIVERSITATS DE LLEIDA,
DE SARAGOSSA, PÚBLICA DE NAVARRA
I DE LA RIOJA INTEGRADES EN EL CONSORCI
CAMPUS IBERUS

Lleida, Espanya, 19 de febrer de 2025

Rector Magnífic de la Universitat de Lleida, Dr. Jaume Puy Llorens;

Benvolgudes padrines, Dra. Inés Olaizola, de la Universitat Pública de Navarra; Dra. María Ángeles Rueda, de la Universitat de Saragossa, i Dra. Ángela Atienza López, de la Universitat de La Rioja, i padrí, Dr. Antonio Blanc, de la Universitat de Lleida;

Acadèmics i estudiants de les universitats que integren el Consorci Campus Iberus;

Invitats especials;

Amigues i amics:

Fa menys de quatre mesos, a principis d'octubre de 2024, a Bhutan, un petit regne a la serralada dels Himàlaies, envoltat per les dues nacions més populoses del planeta, totes dues potències nuclears, s'hi celebrà un fòrum que va reunir diversos guanyadors del Premi Nobel —servidor inclòs— amb algunes de les ments més brillants per parlar de consciència, sostenibilitat i innovació.

Bhutan no és una potència econòmica ni militar. Però té molt de què enorgullir-se. És el primer país del món a

47

mesurar la qualitat de vida de la seua gent a través d'un índex de felicitat bruta; va ser pioner, juntament amb Colòmbia, a adoptar l'índex de pobresa multidimensional, i és també el primer país a ser neutre en carboni, és a dir, en què els boscos absorbeixen més diòxid de carboni que el que emeten.

Mentre a Bhutan discutíem la manera de millorar el benestar dels nostres pobles i de respectar, cuidar i preservar la natura i el planeta, durant aquelles mateixes dates —en altres latituds— continuava desenvolupant-se la tragèdia de la guerra de l'home contra l'home.

Només l'1 d'octubre de l'any passat, l'Iran va llançar desenes de míssils contra Israel; les tropes israelianes van fer incursions per terra al Líban; la tragèdia de Gaza sumava més civils, dones i infants assassinats i ferits, i ucraïnesos i russos es mataven en nom de la sobirania. I a això cal afegir-hi les innombrables agressions i actes violents en diversos països de l'Àfrica, a Haití, a Síria, i en nacions escanyades per les urpes del narcotràfic, com Mèxic i Colòmbia.

Al mateix temps, som testimonis de la democràcia assetjada a Nicaragua i Veneçuela; de les dones sotmeses a l'Afganistan; del floriment del populisme, la intolerància i la xenofòbia en països d'arreu del món, i del dolor de milers de milions d'éssers humans empresonats per la fam i la desesperança.

Quin contrast tan gran! La pau bucòlica de Bhutan, envoltat de muntanyes imponents i curull de temples i monestirs destinats a l'oració i la meditació, enmig d'un món convuls, autodestructiu i dement.

Com és que l'ésser humà pot ser capaç, al mateix temps, d'actes de crueltat i destrucció, i d'actes d'amor, cura i elevació de l'esperit?

Això és el que em preguntava mentre pensava en les paraules que pronunciaria aquí, en rebre aquest doctorat *honoris causa* per part de quatre universitats espanyoles —de les comunitats de Catalunya, Navarra, La Rioja i Aragó— que es reuneixen per entregar-me aquesta distinció, cosa que m'omple d'orgull i alegria.

Aquests centres reconeixen en mi l'esforç que vaig fer, com a president de Colòmbia, per assolir un acord de pau amb la guerrilla més gran i antiga del continent americà, després de mig segle d'un conflicte intern armat que ens va deixar més de vuit milions de víctimes i dos-cents vint mil morts.

Va ser un èxit important, per descomptat, que va suposar la desmobilització d'uns tretze mil combatents, l'entrega i destrucció d'ingents quantitats d'armament i municions que es van fondre i es van convertir en monuments artístics, i la recuperació del control de l'Estat sobre zones del territori nacional anteriorment velades.

Malauradament, la cobdícia de les organitzacions criminals i la ceguesa d'alguns dels nostres dirigents, que no han donat prou impuls a la implementació de l'acord de pau, han fet que la violència —que havia descendit a nivells mínims quan vam signar la pau— torni a aflorar i a créixer en diverses zones de Colòmbia.

Ho dic sense amargor, però amb realisme. Si no ens comprometem efectivament amb l'èxit i el manteniment de la pau, els impulsos dements de destrucció i atac tornen a apoderar-se dels cors.

I ho dic referint-me no només al meu país, sinó al món sencer.

Si no desarmem els esperits, les guerres no cessaran mai.

Si no cultivem —tal com vaig veure-ho a Bhutan— la meditació i la compassió en el nostre interior, el món continuarà a la deriva, amb l'amenaça vigent de l'auto-destrucció si algú comet la temeritat de fer servir les armes nuclears.

Tal com deia Martin Luther King Jr.: «Els qui estimen la pau han d'aprendre a organitzar-se com ho fan aquells qui estimen la guerra».

Avui podria semblar —en veure el panorama global— que els fabricants i els venedors d'armes i material bèl·lic; els que es lucren de negocis il·lícits, com el narcotràfic, la mineria il·legal o el tràfic de persones; els dictadors que s'aferren al poder per ambició, per messianisme o per temor a les represàlies de la justícia; els fanàtics que interpreten els dogmes religiosos en clau d'odi i separació…; que tots ells estan més ben organitzats que els que estimem la pau.

Els organismes multilaterals i la diplomàcia contemplen atònits i inoperants com la humanitat camina cap a l'abisme en guerres insensates entre si i contra la natura.

Perquè la pau —i això ho he repetit i ho repetiré sigui on sigui— l'hem de fer no només entre nosaltres, sinó també amb la natura, amb la Mare Terra, a la qual asfixiem amb les nostres activitats extractives i amb el nostre consumisme desmesurat.

Què li passa, a l'home, com a espècie?, m'he anat preguntant aquests anys. Com podem atacar l'altre, sabent que només sembrem més dolor i la llavor de nous atacs que tard o d'hora ens colpejaran?

El dilema no és només un tema de terres, poder o fanatismes. El dilema real és entre la por i l'amor.

La por divideix i l'amor congrega. La por ens fa veure els altres com a diferents i com a atacants potencials, i l'amor ens els fa veure com els nostres germans i com a part mateixa del nostre ésser.

El qui té por ataca. El qui té amor comprèn i abraça.

El qui té por creu en un món d'escassetat, s'aferra a la seua porció de possessions i lluita per elles a mort. El qui estima s'adona que vivim en un regne d'abundància, en què podria haver-hi aliments, casa i benestar per a tothom.

El qui tem colpeja amb els ulls tancats. El qui estima té els ulls oberts per veure l'espurna de llum que hi ha en tot ésser humà, i comprèn que fins i tot el qui odia no fa res més que demanar amor, a través de mitjans inadequats.

Avui, en aquest acte en què se m'ha entregat simbòlicament el llibre de la ciència i la saviesa, cal proclamar que no hi haurà pau als nostres carrers, als nostres camps, ciutats i països, al nostre món, mentre l'ésser humà no busqui i trobi la pau que habita dins seu.

El camí és cap a dins.

Vostès em diran: són unes paraules boniques que ens ressonen al cor, però com podem posar-les en pràctica enmig de la demència violenta i destructora que ens envolta?

La resposta és senzilla: la pau interior no fa soroll ni ostentacions, però és tan efectiva per sembrar la pau a l'exterior com ho és una arma nuclear per destruir la vida.

Cap de nosaltres pot resoldre els conflictes del món, ni tan sols els conflictes de la seua comunitat, sol. Però cada un de nosaltres, si prenem consciència de la nostra participació en el tot, podem fer-hi la nostra part.

Comencem per fer la pau amb nosaltres mateixos, amb les nostres pors, culpes i creences, moltes de les quals inculcades pels nostres avantpassats, que les van rebre dels seus ancestres, en una cadena de rancúnies i venjances que s'ha d'acabar.

Podem començar a dir «prou» als odis heretats, a les afiliacions que exclouen, als nacionalismes que separen, a les ideologies i als fanatismes. I això ja seria un gran inici.

Hem de descobrir —cadascú— quina és la part de la solució que tenim a l'abast i posar-hi fil a l'agulla.

Si soc líder, lideraré per a la pau. Si soc acadèmic, ensenyaré conceptes i exemples de pau. Si soc estudiant, aprendré els camins de la pau. Si soc obrer o pagès, treballaré amb les mans per la pau. Si soc militar, em negaré a empunyar l'arma contra indefensos i a seguir ordres que em violentin la consciència.

Tots podem ser, com pregava tan bellament Francesc d'Assís, *instruments de pau!*

Tots podem ser, des de la nostra esfera d'influència, des de la nostra llar, la nostra escola, el nostre faristol, salvadors del món!

Torno a citar Martin Luther King en dues frases que resumeixen el que he exposat: «La foscor no pot expulsar la foscor, només ho pot fer la llum. L'odi no pot expulsar l'odi, només ho pot fer l'amor».

Vaig ser ministre de Defensa del meu país —en altres llocs en diuen ministre de Guerra— i vaig liderar des del meu càrrec l'ofensiva militar i policial contra els grups armats il·legals i les organitzacions del narcotràfic, amb la qual cosa vaig guanyar l'aplaudiment popular.

Quan vaig arribar a ser president i —sense renunciar a l'ús de la força de l'Estat per reprimir la delinqüència— vaig endegar els diàlegs de pau amb la guerrilla, molts em van titllar de traïdor.

Prefereixo ser traïdor dels que només creuen en la guerra, que traïdor de la meua pròpia consciència.

Avui sento que vaig fer el correcte. Avui proclamo que al diàleg sempre se li ha de donar una oportunitat i que, si deixem d'aferrar-nos al passat i a les seues seqüeles, podem construir un present digne del nostre potencial com a cocreadors de l'univers.

Com cantava John Lennon, hem de «donar una oportunitat a la pau».

Cada porta que tanquem, cada taula de diàleg que es trenca, cada treva que es nega, són més anys o dècades de pobresa, destrucció, dolor i mort.

Potser no tots podem tenir ingerència en les decisions que afecten el destí de la humanitat —jo faig el que puc des de la meua posició d'expresident i Premi Nobel, i en agrupacions que busquen camins d'entesa, com The Elders—, però cadascun de nosaltres sí que pot sumar-hi la seua part per arribar a una massa crítica que es faci valer.

Una massa crítica que digui als dirigents del món que no acceptem més la doble moral de parlar de pau i subministrar els recursos i les armes per a la guerra.

Una massa crítica que digui als instigadors de l'odi que hi ha una manera de viure compartint la terra i les riqueses culturals i econòmiques del planeta, en abundància, i sense excloure'ns els uns dels altres.

Una massa crítica que recordi als líders religiosos enverinats pel fanatisme que el denominador comú de totes les religions és l'amor, i que l'amor no discrimina, ni busca venjança, ni de bon tros coneix el que és l'odi o l'atac, només la compassió i la bondat.

Avui m'han entregat uns guants blancs, que simbolitzen la puresa que han de conservar les meues mans.

El meu desig és que cada líder, cada soldat, cada ésser humà, es tregui els guants ensangonats que durant tants segles hem portat, dels ressentiments que només perpetuen la cadena del dolor, i que ens posem els guants blancs de la puresa d'esperit i intenció.

Com deia Spinoza: «La pau no és l'absència de guerra; és una virtut, un estat de la ment, una disposició a la benevolència, la confiança i la justícia».

Soc un idealista? Pot ser. Un, amb els anys, o es torna idealista o es torna amargat. I jo prefereix el primer.

Però sé que ajuntant els ideals, de dos en dos, de quatre en quatre, de cent en cent, de mil en mil, assentarem els fonaments d'una nova humanitat.

Torno a citar Lennon: «Podran dir que soc un somniador, però no soc l'únic».

Benvolguts amics del Consorci Campus Iberus:

Els agraeixo de tot cor aquesta distinció que avui m'atorguen i accepto emocionat aquest doctorat honorífic que em fa, a partir d'ara, membre privilegiat de la seua gran comunitat acadèmica.

Portaré aquest honor amb mi com un recordatori que cap esforç per la pau, al meu país o al món, serà un esforç perdut.

Som part d'una mateixa família humana —que no es divideix per les races, les religions, les opinions polítiques, les preferències sexuals..., sinó que, tot el contrari, s'enriqueix en la seua diversitat— i hem d'actuar com a família: de vegades ens abracem i ens estimem i d'altres discutim i ens distanciem, però mai empunyaríem una arma l'un contra l'altre.

Perquè sabem que som criatures que compartim el mateix fang i la mateixa espurna divina, i que el mal que fem a l'altre ens el fem a nosaltres mateixos.

Si recordem això, si tan sols ens gravéssim a la consciència que som un i que ens reflectim en la resta, si ens convertim en la mostra de la compassió i de l'amor, si apostem pel diàleg en comptes de fer-ho per la confrontació, llavors estarem fent la nostra part.

No se'ns demana més. Però tampoc se'ns demana menys.

Moltes gràcies.

Juan Manuel Santos Calderón jauna

CAMPUS IBERUS PARTZUERGOA OSATZEN DUTEN
LLEIDAKO UNIBERTSITATEKO,
ZARAGOZAKO UNIBERTSITATEKO,
NAFARROAKO UNIBERTSITATE PUBLIKOKO
ETA ERRIOXAKO UNIBERTSITATEKO
HONORIS CAUSA DOKTORE
IZENDATZEKO
INBESTIDURA-EKITALDIAREN ZEREMONIALA

Lleidan, 2025eko otsailaren 19an

EKITALDIAREN GARAPENA

Musika-interpretazioa:
Canticorum iubilo (Georg Friedrich Haendel)

Agintari akademikoak sartuko dira

Ongietorria egin eta hitzaldia emanen du Lleidako Unibertsitateko errektoreak

Errektoreak eskatu eginen du Juan Manuel Santos Calderón jauna Lleidako Unibertsitateko, Zaragozako Unibertsitateko, Nafarroako Unibertsitate Publikoko eta Errioxako Unibertsitateko *honoris causa* doktore izendatzeko aktak irakurtzeko.

Lau idazkari nagusiek xedapen ofizialak irakurriko dituzte

Errektoreak Mª Ángeles Rueda, Inés Olaizola eta Mª Ángela Atienza López doktore amabitxiei eta Antonio Blanc Altemir doktore aitabitxiari eskatuko die *honoris causa* doktorearen bila joateko.

Musika-interpretazioa: *Historia de un amor* (Los Panchos)

Honoris causa doktorea sartuko da amabitxiak eta aitabitxia lagun dituela, eta ekitaldiaren burua agurtu ondoren, eseri eginen dira. Amabitxiek eta aitabitxiak errektoreen mahaiaren ordena dute

Laudamenak

Errektoreak Juan Manuel Santos Calderón jaunaren amabitxi Mª Ángela Atienza Lópezi eskatuko dio hitza hartzeko.

Juan Manuel Santos Calderón jaunaren merezimenduak laudatuko ditu Mª Ángela Atienza López doktoreak.

Errektoreak aditzera emanen du iritsi dela inbestidura-ekitaldia hasteko unea, eta Klaustroa eta gonbidatuak zutitu eginen dira.

Errektoreak hau esanen du:

Nafarroako Unibertsitate Publikoko idazkari nagusiak leialtasun-hitza hartuko dio doktore berriari.

Idazkari nagusiak, atriletik, hitzemateko formula irakurriko du:

Hitzematen al duzu, zeure kontzientzia eta ohoreagatik, leial izanen zatzaizkiela Lleidako Unibertsitateari, Zaragozako Unibertsitateari, Nafarroako Unibertsitate Publikoari eta Errioxako Unibertsitateari, haien ohorea eta probetxua defendatu eta gordeko dituzula, oraingo estatutuak edo aurrerago eginen direnak beteko dituzula, eta graduen eskubideak osorik eramanen dituzula eta ez dizkiozula inori emanen?

Honoris causa doktoreak honela erantzunen du:

Bai, hitzematen dut.

Idazkari nagusia mahaira itzuli eta zutik egonen da.

Errektoreak honela esanen du:

Zure hitzematea jaso dut. Unibertsitateak dira lekuko eta epaile izanen dira konpromisoa hausten baduzu.

Jaume Puy Llorens errektore txit prestuak hitz hauek esanen ditu:

Lleidako Unibertsitateko, Zaragozako Unibertsitateko, Nafarroako Unibertsitate Publikoko eta Errioxako Unibertsitateko klaustroek gure unibertsitateetako honoris causa doktore izendatu zaituzte zure merezimendu aipagarriak direla eta.

Eman didaten aginpidea erabiliz, titulua ematen dizut eta ereinotzezko boneta jartzen dizut gure irakaslego gorenaren ikur gisa; eraman ezazu zure ikasketen eta merezimenduen koroa gisa.

Zaragozako Unibertsitateko errektoreak:

Jaso itzazu eskularru zuriak, zure eskuek izan behar duten garbitasunaren eta zure maila handiaren ikurra. Eta gure klaustroetara bildu ondoren.

Nafarroako Unibertsitate Publikoko errektoreak:

Jaso ezazu zure zientziaren eta lanbidearen irizpenak eta kontsultak zigilatzeko eta sinatzeko pribilegioaren ikurra den eraztuna.

Errioxako Unibertsitateko katedradunak:

Har ezazu, azkenik, Zientziaren eta Jakituriaren liburua, zeina atsedenik gabe landu eta zabaldu behar baituzu. Gogoan izan beti, zure talentua handia izan arren, beti izan beharko diezula begirunea, errespetua eta adeitasun osoa zure maisuei, zure aurrekoak izan baitira.

Errektore bakoitzak *honoris causa* doktore berria besarkatuko du.

Har ezazu, Juan Manuel Santos Calderón jauna, klaustrokide guztien izenean, zure anai-arreba eta lankide izateagatik ohoratzen eta pozten direnen anaitasunezko besarkada.

Honoris causa doktore berriak hitzaldia emanen du

Errektoreak Juan Manuel Santos Calderón jaunari emanen dio hitza.

Juan Manuel Santos Calderón jaunak hitzaldia emanen du.

Musika-interpretazioa:
Alaitasunaren oda (Ludwig van Beethoven)

Amaiera

Jaume Puy Llorens errektore txit prestuak Klaustrora ongietorria egiteko hitzaldia emanen du.

Irteera

Errektoreak zutitzeko eskatuko die ekitaldira joandakoei, *Gaudeamus igitur* abesteko (Johannes Brahms).

Agintari akademikoak aterako dira

Musika-interpretazioak Quartet Havel-en eskutik

GAUDEAMUS IGITUR

Gaudeamus igitur,
iuvenes dum sumus;
gaudeamus igitur,
iuvenes dum sumus;
post iucundam iuventutem,
post molestam senectutem,
nos habebit humus,
nos habebit humus.

Ubi sunt qui ante nos
in mundo fuere?,
ubi sunt qui ante nos
in mundo fuere?:
transeas ad superos,
abeas ad inferos,
hos si vis videre,
hos si vis videre.

Vivat Academia!,
vivant professores!;
vivat Academia!,
vivant professores!;
vivat membrum quodlibet!,
vivant membra quaelibet!:
semper sint in flore!,
semper sint in flore!

Latinezko testuaren berrikuspena: Matías López López

HONORIS CAUSA DOKTORETZAKO
LAUDATIOA
JUAN MANUEL SANTOS CALDERÓN

Dagozkion protokolo-agurrak

***

> Ikasten ari gara bakean bizitzeak merezi duela eta ez
> dagoela bakerako balio duen justizia baino hoberik [...]
> Ikasten ari gara barkatzen, elkarrekin bizitzen,
> desberdintasunak errespetatzen, indarkeriarik gabe
> eztabaidatzen, gaitzetsi gabe gogoratzen; bestela esanda,
> ikasten ari gara gizakiak, egiazko gizakiak izaten.

Juan Manuel Santosen hitzak dira horiek, duela ez hainbeste
urte, 2017an, Sorbonan egindako antzeko ekitaldi batean
esan zituenak.

Hitz horietan laburbiltzen da Campus Iberus osatzen
dugun lau unibertsitateak biltzen dituen ekitaldi instituzional
honen zentzuaren parte handi bat. Juan Manuel Santosek
aitorpen ugari jaso ditu; garrantzitsuena, zalantzarik gabe,
Bakearen Nobel Saria, eta *honoris causa* doktoretza batzuk
ere hartu ditu, baina gaur lau doktoretza jaso ditu aldi
berean, eta hori guztiz apartekoa da. Hasteko, aparteko saria
da, aparteko gizon baten neurrikoa.

Gaur *honoris causa* doktoretza kolektibo bat eman behar
dugu, eta azalduko dizuedan *laudatio* hau ere taldean egin
eta eraiki dugun *laudatio*a da, eta nire hitzek orobat
ordezkatzen dituzte nire lankide amabitxiak, hots, Inés
Olaizola Nafarroako Unibertsitate Publikoko doktorea eta
Mª Ángeles Rueda Zaragozako Unibertsitateko doktorea eta
Lleidako Unibertsitateko nire lankide aitabitxia, Antonio
Blanc doktorea. Haiekin partekatzen dut ohore hau, gure

errektoreei eskertzen dieguna, munduko erronka handiekin konpromiso handia duen eta nazioartean horregatik aintzatetsia den pertsona jakintsu bat aurkezteagatik.

Ohitura izaten da *laudatio*aren bidez doktoregaiaren merituak defendatzea. Bere ibilbide biografiko eta politikoa mukuru betea dago oihartzun handia eta aitorpen ukaezina duten gertaerez, ekintzez eta ekimenez. Baina aurreratzen dizuet bere idazkiak eta hitzak ere aztertu nahi izan ditugula, eta, batez ere, bere irakaspenen balioak aitortu.

Zuek denok ezagutzen duzue Juan Manuel Santosen ibilbidean funtsezkoena dena.

Juan Manuel Santos Kolonbiako presidentea izan zen 2010. eta 2018. urteen artean. Bakearen Nobel Saria eman zioten 2016an, FARC izenekoekin bake-akordio bat sinatzeko eta herrialdearen historia eta hango jendearen bizitza oztopatzen zuen gatazka luzeari amaiera emateko egin zituen ahaleginengatik.

Ez da gehiegizkoa esatea, presidente izan zen urte haietan, kolonbiarren bizitzan ohiz kanpoko aldaketa izan zela. Bakea sinatzea mugarri historiko handia izan zen, baina gogoratu behar da, halaber, urte haietan beste lorpen batzuk izan zirela: Kolonbiako oparotasunaren eta garapenaren adierazle sozial eta ekonomikoak oso nabarmen hobetu ziren. Horren guztiaren atzean Juan Manuel Santosen eta haren taldearen ahalegina zegoen, eta berari gogora ekartzea gustatzen zaionez, lankidetzazko lanaren eta lan kolektiboaren indarra. Eta atzean zeuden, halaber, haren urratsak beti gidatu dituzten balioak eta printzipioak, gero mintzagai izanen ditugunak, eta Kolonbiako mugak gainditzen dituzten beste ekimen garrantzitsu batzuk inspiratu dituztenak. Bake-akordioek muga horiek gainditu dituzte dudarik gabe, nazioarteko komunitatean duten oihartzun ukaezina izan baitute, eta egungo munduan gatazkak konpontzeko bideak erakutsi dituzte. Eta ikerketa akademikoaren jomuga bihurtu dira, zenbait unibertsitatetako doktoretza-tesien gai nagusi, horien artean Lleidako Unibertsitatean defendatu den eta Blanc Altemir aitabitxiak zuzendu duen doktoretza-tesi bat.

Juan Manuel Santos Pazifikoko Aliantzaren sortzaileetako bat izan zen 2011-2012. urteetan, zeina lankidetza ekonomikorako eta garapenerako proiektu bat baita, Peru, Kolonbia, Mexiko eta Txileren artekoa. Eta bere ahaleginei esker orobat gainditu dira Amerikako muga horiek, mundu mailako erronkei heltzeko. Hor dago Nazio Batuen Garapen Jasangarrirako Helburuak (GJH) bultzatzeko izan zuen zeregin nagusi eta erabakigarria, zeinak, dakizuen bezala, 2015ean munduko agenda bihurtu baitziren.

Baina, bere jarduera politikoaren lorpenez gain, nabarmendu nahi dugu Juan Manuel Santosek prestakuntza akademiko sendo eta bikaina duela, edozein unibertsitatek bere klaustroan eduki nahiko lukeen curriculuma. Enpresen Administrazioko eta Ekonomiako titulua du Kansasko Unibertsitatean, eta graduondoko ikasketak London School of Economics izenekoan eta Harvard Unibertsitateak duen Gobernurako Eskolan. Fulbright bekaduna izan zen Legeetarako eta Diplomaziarako Fletcher Eskolan eta Nieman bekaduna Harvard Unibertsitatean. Irakasle bisitaria izan zara Oxforden, Harvarden, Columbian... Eta, lehenago esan dudanez, *honoris causa* tituluak jaso ditu zenbait unibertsitatetan, hala nola Sorbonan eta London School of Economics izenekoan.

Ez dut nabarmendu gabe utzi nahi, halaber, bere proiekzio intelektual garrantzitsua, bere pentsamendu politikoa jasotzen duten liburu askotan ikusten dena. Politikoa da hitz horren zentzurik nobleenean, *polis* hitzari eta komunitate politikoari dagokien horretan, aipatu eta bere giza kezketara igortzen gaituen horretan. Bere liburu batzuk aipagai izanen ditugu gure hitzaldian.

Juan Manuel Santos nazioarteko figura politiko nabarmenetako bat da, eta bere ibilbide publikoan bultzatu dituen neurriek eta ekintzek aitorpen zabala izan dute. Izan dituen sari eta ohoregarri guztiak justifikatzen dituzten merezimenduen orientazioak ere erakusten du zein diren bere kezka nagusiak: bakea, klima-aldaketa, pobrezia eta berdintasunik eza... Hor erakusten du guztiok munduaren erronka handitzat hartzen dugunarekin duen konpromiso nekaezina.

Bakearen Nobel Saria da arrazoi beragatik jaso dituen beste sari batzuen artean garrantzitsuena. Haiei gehitu behar zaizkie herrialdeko biodibertsitate paregabea babesteko eta klima-aldaketari aurre egiteko ingurumen arloko politikengatik jaso dituen beste zenbait sari. Eta pobreziaren eta berdintasunik ezaren aurkako bere politikei esker ere beste sari batzuk ere merezi izan ditu. Oso luzea da bere aitorpenen zerrenda.

Eta hain estuki laburbildu dudan ibilbide distiratsu horren ondoren, eta hainbeste sari eta ohoregarri pilatu ondoren, utz iezadazue kontatzen: *Santos irakaslea* deitzeak egiten omen du bera benetan zoriontsu, aitortzen duenez. 2019an, Andeetako Unibertsitateko graduen zeremonia batean, Juan Manuel Santosek Harvarden bizitako gertakari baten berri eman zion errektoreari, non galdetu baitzioten nola nahiago zuen deitzea: *Nobel sariduna, presidentea...* Eta berak honela erantzun omen zuen: «benetan ohoratu eta zoriontsu egin nahi banauzue, dei nazazue *Santos irakaslea*».

Eta guk ere horrela deitu nahi diogu. Santos irakaslea. Zoriontsu egiten duelako, eta irakaslea delako gainera —aipatu dut nola aritu den irakasle bisitari lanetan zenbait unibertsitate prestigiotsutan—, baina baita ere, eta batez ere, bere irakaspenen balioagatik, *honoris causa* doktoretza honen bidez aitortzen dizkiogulako bere ikaskizunak, bere ibilbidean eman dituen ikaskizunak eta bera inspiratu eta bultzatu duten balioen ikaskizunak, bere analisien, galdera kritikoen eta hitzen jakinduria, bere erantzunen ausardia eta bere urratsak eta ahaleginak gidatu dituzten printzipioen indarra.

Gainetik aipatu ditugun bere ibilbide biografikoko eta politikoko mugarri eta lorpen horietan oso presente daude irakaspen horiek guztiak.

— Bakearen eta adiskidetasunaren balioekiko konpromisoa, ez helburu gisa bakarrik ulertuak, baizik eta bitarteko eta baldintza gisa ere bai, bitarteko eta baldintza horiek beharrezko diren neurrian halaber helburu diren beste ondasun komun batzuk erdiesteko, zeinak aurrerapen kolektiboa eta partekatua bilatzen baitute eta hori baitute esanahia. Nabarmendu egin nahi dut bakeak, ekitateak eta hezkuntzak osatzen duten triangeluari Santos irakasleak ematen dion balioa, eta gogora ekarri nahi ditut berak bultzatu zuen 2014-2018 aldirako Garapen Plan Nazionala hezurmamitzeko egin zituzten hausnarketak, orain irakurriko ditudan hauek:

Bakeak, ekitateak eta hezkuntzak zirkulu birtuosoa osatzen dute. Bakean den gizarte batek badu modua arrakalak ixteko ahaleginean fokua jartzeko eta bere hezkuntza-sistemaren estaldura eta kalitatea hobetzen inbertitu dezake. Gizarte ekitatibo batek, non biztanle guztiek eskubide eta aukera berak baitituzte, bizikidetza baketsua ahalbidetzen du eta giza kapitala prestatzeko baldintzak eskaintzen ditu. Azkenik, gizarte hezi batek lan-indar kalifikatua du, zeinak hezkuntzaren ordainak diru-sarrerak eta kalitatezko enpleguak sortzeko dituen aukeren bidez jasotzen baititu, eta bere gatazkak indarkeriara jo gabe konpontzen dituzten herritarrak dauzka.

Bada, ez ziren hitz hutsak bakarrik izan, eta merezi du datu bat gogoratzea: 2015ean, bere gobernuaren agintaldian, hezkuntza aurreneko aldiz bihurtu zen nazioko aurrekontuan parte handiena izan zuen sektorea, eta defentsarako zena gainditu zuen. Eta Kolonbia aurrera eta gora zihoan.

— Lankidetzaren eta elkarlanaren balioek ere elikatu dituzte bere ahaleginak, horiek ere aurrerabide ekonomiko eta sozialerako eta denen ongizaterako tresna gisa ulertuta. Aurrerapen partekatuaz, hesiak eta mugak batzeko eta gainditzeko beharraz hitz egiten digu Pazifikoko Aliantzaren sorrerak, eta, jakina, Garapen Jasangarrirako Helburuen akordioa lortzeko jarraikitasunaz.

— Santos irakaslearen ekimenen atzean, zalantzarik gabe, erabat unibertsitarioa den beste balio bat ere badago: elkarrizketaren balioa, entzutearena, hitzaren balioa —indarkeriari aurre egiten diona— ideiak aurrez aurre jartzeko, akordioetara iristeko eta arazoak konpontzeko. Pentsatzen baduzue, akordioetara iristeko dira bere ibilbidean izan dituen mugarri asko: bake-akordioak, Garapen Jasangarrirako Helburuen akordioak... Akordio horiek lortzera bideratu ditu bere ahalegin guztiak. Eta denetan behar izan dira elkarrizketa, entzuten jakitea, hitz egitea eta lagun hurkoarekin elkar ulertzea bilatzea eta hori nahi izatea. Eta denetan sekulako ahaleginak egin behar izan dira. Eta horra hor beste irakaspen bat, ahaleginaren balioaz, lanaren eta jarraikitasunaren balioaz mintzo dena.

Santos irakaslearen lana bultzatu duten balio eta ahalegin horietan islatzen da —eta adoretzen da— Campus Iberusen izateko arrazoia, zeina ideia nagusi honekin sortu baitzen eta lan egiten baitu egunero: lankidetza eta elkarlana funtsezkoak dira aurrerapen bateraturako, helburu kolektiboak lortzeko eta guztion, unibertsitateen eta zerbitzatzen dugun gizartearen onerako.

Konpromiso horietan eta Santos irakaslearen irakaspenetan, balio unibertsaleko zentzu eta sentsibilitate humanista sakona dago. Gure poeta Blas de Oterok gerra zibilaren ondoren, adiskidetzea desiratuz, bertso ezagun haiek idazteko, bakea eta hitza defendatzen eta eskatzen zuten bertso haiek idazteko, izan omen zuen berbera:

> Gizonaren eta justiziaren
> erreinuaren alde idazten dut.
> Bakea
> eta hitza eskatzen ditut.

Bakea eta hitza eskatzen ditut. Juan Manuel Santosek gizadiaren aurrerabiderako, garapen ekonomikorako, ingurumenarekiko konpromisorako eta gizonen eta emakumeen berdintasunerako egindako proposamenak gobernuari dagozkion hainbat eta hainbat egintza eta dokumentutan jasotzen dira, baina bere liburu batzuetako gogoetetan eta hitzetan ere garatzen eta adierazten dira, zeinek, hasieran esan dudanez, bere maila intelektuala erakusten baitute.

Santos irakaslearen irakaspen garrantzitsuak dituzten zenbait liburuz ari naiz. Ez ditugu denak aipatuko. Hor dago *La Tercera Vía*, zeina Tony Blairren proposamen ezagunekin bat baitator, eta Santosek «gobernu onari» buruz idatzitako orrialde eta gogoeta ederrak biltzen ditu; *La batalla por la paz*, zeinak FARC izenekoen aurkako gerraren amaierarekin burutu zen prozesu guztia kontatzen baitu, eta gatazkak konpontzeari buruzko eta gatazkak konpontzeko balio unibertsaleko irakaspenak biltzen baititu. Duela gutxi argitaratutako *La batalla contra la pobreza* izenekoak ere bai. Baina beste liburu hau nabarmendu nahi dut: *Un mensaje optimista para un mundo en crisis*, 2020an argitaratua, COVIDaren pandemia bete-betean zegoenean. Liburu horren bi alderdi nabarmendu nahi ditut. Bata, oraindik aipatu ez dudana, baina bere pentsamenduan eta bere lanean funtsezkoa izan dena eta oraindik ere badena, hau da, aurrerapena ez dela lortzen genero berdintasunik gabe. Bestea, liburuaren ikusmoldea bera harilkatzen duena, non Santos irakasleak irakasle garenon eta egiten dugunaren beste aurpegia erakusten baitu: irakatsi bakarrik ez dugu egiten, ikasi ere egiten dugu, jakin egin nahi dugu, arazoak konpondu nahi ditugu, ezagutza eraiki nahi dugu, etengabe ikasten eta azterketak egiten ibili nahi dugu.

Zirrara eragiten dute liburu horretan beste akademiko batzuei egin zizkien elkarrizketek, elkarrizketa horietan bere politikak berriz aztertzen dituelako. Bere galderen bidez jakin nahi du zer egin zuten ongi, zertan huts egin zuten, nola zuzendu genezakeen hori, nola hobetu genezakeen hori, zer erronka ditugun aurrean, nola heldu erronka horiei... eta hori bere kezkak bildu dituzten arloetan: ekonomia, hezkuntza, osasuna, pobrezia, ingurumena, bakea. Galdera horiek irakaspen ederrak ere badira. Haietan, elkarrizketa emankorra bilatzen du akademiko horiekin, eta haiengan uste osoa du ikasteko eta aurrera egiteko. Elkarrizketetako bat bakarra ez zion akademiko bati egin; Rodrigo Londoñori egin zion, bere alderdikideek *Timochenko* ezizenez ezagutzen dutenari, 2016an bake-akordioak sinatu zituen FARC izenekoen buruzagiari. Elkarrizketa horretan Juan Manuel Santosek halaber galdetzen dio, besteak beste, zer egin genuen gaizki. Ez haiek, gerrillariek, baizik eta Juan Manuel Santos buru zuen gobernuak. Galdera horrek sekulako ausardia erakusten du, zeina askoz ere beharrezkoagoa baita bakerako gerrarako baino. Aureliano Buendía koronelak zioenez (edo, nahiago baduzue, Gabriel García Márquez literatura unibertsaleko maisua den kolonbiar bikainak), askoz ere zailagoa da gerra bat amaitzea hastea baino. Askoz ere zailagoa da eta askoz ere ausartagoa ere bai.

Dena dela, hitzaldi hau amaitzeko ordua iritsi da, eta hasi bezala bukatu nahi dut, gure doktore berriaren hitzekin, Nobel Sarirako bere 2016ko hitzaldian esan zituenekin, non Tennysonen *Ulises* lanaren amaierako hitzen aipamen eder bat egiten baitu:

> Beharbada, gaur, inoiz baino gehiago, ausartu gaitezke gerrarik gabeko mundu bat imajinatzen. Ezinezkoa egingarria izan daiteke. Ahalegintzea, bilatzea, aurkitzea eta amore ez ematea da gakoa.

KOLONBIAKO ERREPUBLIKAKO PRESIDENTE OHI ETA 2016KO BAKEAREN NOBEL SARIDUNAREN HITZALDIA CAMPUS IBERUS PARTZUERGOA OSATZEN DUTEN LLEIDAKO UNIBERTSITATEKO, ZARAGOZAKO UNIBERTSITATEKO, NAFARROAKO UNIBERTSITATE PUBLIKOKO ETA ERRIOXAKO UNIBERTSITATEKO *HONORIS CAUSA* DOKTORE IZENDATZEKO INBESTIDURA-EKITALDIAN

Lleidan (Espainia), 2025eko otsailaren 19an

Lleidako Unibertsitateko errektore Jaume Puy Llorens doktore jauna;

amabitxi eta aitabitxi estimatuak —Nafarroako Unibertsitate Publikoko Inés Olaizola doktorea, Zaragozako Unibertsitateko María Ángeles Rueda doktorea, Errioxako Unibertsitateko Ángela Atienza López doktorea eta Lleidako Unibertsitateko Antonio Blanc doktorea—;

Campus Iberus partzuergoa osatzen duten unibertsitateetako akademiko eta ikasleak;

gonbidatu bereziak;

adiskideak:

Orain dela lau hilabete baino gutxiago, 2024ko urriaren hasieran, foro bat egin zen Bhutanen, Himalaia mendikateko erresuma txikian, zeina planetako bi naziorik jendetsuenek baitute inguratua —potentzia nuklearrak biak—. Kontzientziaz, jasangarritasunaz eta berrikuntzaz mintzatzeko elkartu ginen zenbait Nobel saridun —ni nerau tartean—, eta munduko bururik argienetako batzuk.

Bhutan ez da ez potentzia ekonomikoa ez militarra, baina arrazoi asko ditu bere buruaz harro egoteko: munduko

73

lehenbiziko herrialdea izan da bere herritarren bizi-kalitatea Zoriontasun Gordinaren Indizearen arabera neurtzen; aitzindaria izan zen, Kolonbiarekin batera, Dimentsio Anitzeko Pobreziaren Indizea erabiltzen, eta lehenbiziko herrialdea da karbono-neutraltasuna lortzen, isurtzen duena baino karbono dioxido gehiago absorbatzen baitute haren basoek.

Hala, Bhutanen gure herrien ongizatea hobetzeko eta natura eta planeta errespetatu, zaindu eta babesteko moduez eztabaidatzen ari ginelarik, gizakien arteko gerraren tragediak aurrera jarraitzen zuen beste bazter batzuetan.

Esate baterako, iazko urriaren lehenbizikoan, Iranek dozenaka misil jaurti zituen Israelen aurka, tropa israeldarrek lurreko erasoaldia abiatu zuten Libanon, Gazako tragedian zibil, emakume eta haur asko erail eta zauritu zituzten, eta ukrainarrek eta errusiarrek elkar hiltzen jarraitzen zuten subiranotasunaren izenean. Horiez gain, ezin konta ahal dira erasoak eta indarkeriazko ekintzak Afrikako zenbait herrialdetan, Haitin, Sirian nahiz narkotrafikoaren atzaparrek itotako zenbait naziotan, Mexikon eta Kolonbian adibidez.

Bestetik, zuzenean ari gara ikusten nola setiatzen ari diren demokrazia Nikaraguan eta Venezuelan, nola azpiratzen dituzten emakumeak Afganistanen, nola ari diren loratzen populismoa, intolerantzia eta xenofobia mundu osoan barrena, eta nola ari diren sufritzen milaka milioi lagun gosetearen eta itxaropenik ezaren ondorioz.

A zer nolako kontrastea: hor dugu Bhutan, bukoliko eta baketsua, mendi ikaragarriz inguratua eta otoitzerako eta meditaziorako tenpluz eta monasterioz betea, bere burua suntsitzen ari den asalduzko mundu ero baten erdian.

Gizakia gai da, batetik, gauza krudel eta suntsitzaileak egiteko, eta, bestetik, maitasunezko egintzak, elkar zaintzekoak eta espiritua goratzekoak egiteko. Nolatan, ba?

Horixe galdetzen nion neure buruari hitzaldi hau pentsatzen ari nintzen bitartean, zeinaren bidez aditzera eman nahi baitut zenbateko poza eta ohorea sentitzen dudan Kataluniako, Nafarroako, Errioxako eta Aragoiko autonomia-erkidegoetako lau unibertsitatek *honoris causa* doktore izendatu nautelako.

Zentro akademiko horiek aitortza egin didate Kolonbiako presidente izan nintzelarik Amerikako gerrillarik handien eta zaharrenarekin bake akordioa lortzeko egin nuen ahaleginagatik, kontuan hartuta barne gatazka armatu hark mende erdia iraun zuela eta 220 000 hildako eta zortzi milioi biktima baino gehiago utzi zizkigula.

Lorpen garrantzitsua izan zen, jakina. Izan ere, 13 000 soldadu inguru desmobilizatzea erdietsi genuen, arma kopuru eta munizio kantitate eskergak emanaraztea eta suntsitzea —gerora urtu eta monumentu artistiko bihurtzeko—, eta Estatuak lehen galaraziak zituen lurralde nazionaleko eremuen gaineko kontrola berreskuratzea.

Zoritxarrez, bai erakunde kriminalen gutiziaren eta bai bake-akordioa inplementatzeari bultzada nahikorik eman ez dioten gure agintari batzuen itsutasunaren ondorioz, berriz azaleratu eta handitu da indarkeria Kolonbiako zenbait eremutan, nahiz eta maila minimoetara jaitsia zen bakea sinatu genuenean.

Samintasunik gabe diot, baina errealismoz. Bakea lortzeko eta iraunarazteko benetako konpromisorik hartu ezean, gizaki batzuek suntsitzeko eta erasotzeko izaten duten bulkada zoroa berriz jabetzen da haien bihotzez.

Eta ez naiz nire herriaz bakarrik ari, mundu osoaz baizik.

Ez baditugu espirituak armagabetzen, gerrak ez dira sekula bukatuko.

Ez baditugu gure baitan meditazioa eta errukia lantzen —Bhutanen ikusi nuen bezala—, munduak noraezean jarraituko du, eta oraindik ere hor dugu elkar suntsitzeko arriskua baldin eta norbaitek armak nuklearrak erabiltzeko ausarkeria izanen balu.

Martin Luther King Juniorrek esan zuenez, «gerra maite dutenek bezala antolatzen ikasi behar dute bakea maite dutenek».

Gaur egungo panorama globala ikusita, badirudi bakea maite dugunok baino hobeki antolatuak daudela armamentua eta gerrako materiala fabrikatzen eta saltzen dutenak, narkotrafikoarekin, legez kanpoko meatzaritzarekin, pertsonen salerosketarekin eta bestelako negozio bidegabeekin aberasten direnak, handinahiz, mesianismoz edo justiziaren errepresalien beldurrez botereari irmo atxikitzen zaizkion diktadoreak, erlijio-dogmak gorrotoa eta bereizkeria bultzatzeko interpretatzen dituzten fanatikoak.

Erakunde multilateralak eta diplomazialariak harriturik eta ezertxo ere egin gabe ikusten ari dira nola doazen gizakiak amildegirantz, elkarren arteko eta naturaren aurkako gerra zentzugabeetan murgildurik.

Izan ere —eta hau nonahi errepikatu izan dut eta errepikatzen jarraituko dut—, bakea ez dugu soilik gure artean egin behar; naturarekin ere egin behar dugu, gure erauzketa-jardueren eta gure kontsumismo neurrigabearen ondorioz itotzen ari garen Ama Lurrarekin.

Azkeneko urteetan, askotan egin diot galdera bera neure buruari: zer gertatzen zaio gizakiari espezie gisa? Nolatan egiten diogu eraso hurkoari, jakinik horren ondorio bakarra min gehiago eragitea dela eta lehenago edo geroago kolpatuko gaituzten beste eraso batzuen hazia ereitea?

Dilema hori ez da soilik lurrekin, boterearekin edo fanatismoarekin zerikusia duen zerbait. Benetako dilema beldurraren eta maitasunaren artekoa da.

Beldurrak bereizi egiten gaitu, eta maitasunak, elkartu. Beldurrak arrotz gisa eta erasotzaile potentzial gisa ikusarazten dizkigu besteak, eta maitasunak, aldiz, anai-arreba gisa, gure izatearen parte gisa.

Beldur denak eraso egiten du; maite duenak, aldiz, ulertu eta besarkatu.

Beldur denak eskasiazko mundu batean sinesten du, tinko eusten die bere ondasunei, eta hiltzeraino borrokatzen da haiengatik. Maite duenak, aldiz, badaki oparotasunezko erresuma batean bizi garela eta han badela guztiontzako elikagairik, etxerik eta ongizaterik.

Beldur denak begiak itxita jipoitzen du. Maite duenak, aldiz, begiak zabalik ditu gizaki ororen barreneko argi-txinparta ikusteko, eta ulertzen du gorroto duenak ere maitasuna eskatu besterik ez duela egiten, modu desegokian eskatu arren.

Gaur, sinbolikoki Zientziaren eta Jakituriaren Liburua entregatu didaten ekitaldi honetan, beharrezkoa da aldarrikatzea ez dela gure karriketan, gure mendi, hiri eta herrialdeetan, gure mundu osoan bakerik izanen harik eta gizakiak bere barreneko bakea bilatzen eta aurkitzen duen arte.

Bidea barrenera egin behar da.

Pentsatuko duzue hitz eder eta hunkigarriak direla hauek, baina nola jarriko ditugu praktikan inguratzen gaituen eromen bortitz eta suntsitzaile honen erdian?

Erantzuna erraza da: barreneko bakeak ez du zaratarik egiten, ez da arranditsua, baina arma nuklearrak bizitza suntsitzeko bezain eraginkorra da kanpoan bakea ereiteko.

Gutako inor ez da gai munduko gatazkak bere kabuz konpontzeko, ezta bere komunitateko gatazkak konpontzeko ere. Alabaina, gutako bakoitzak osotasunean duen parte-hartzeaz jabetzen bagara, nork bere partea egin dezake.

Lehenik eta behin, egin dezagun bakea geure buruarekin, geure beldur, erru eta sinesmenekin. Haietako asko etxekoengandik jaso ditugu, haiek beren arbasoengandik jaso zituzten bezalaxe. Bada garaia gorrotozko eta mendekuzko kate hori hausteko.

Has gaitezen «aski da» esaten oinordekotzan jasotako gorrotoei, afiliazio baztertzaileei, nazionalismo banatzaileei, ideologia eta fanatismoei. Hori egite hutsa hasiera bikaina izanen litzateke.

Norberak zer egiten ahal duen deskubritu behar du, eta lanari ekin.

Liderra banaiz, nire lidergoak bakea izanen du xede. Akademikoa banaiz, bakearen kontzeptua eta ereduak irakatsiko ditut. Ikaslea banaiz, bakerako bideak ikasiko ditut. Langilea edo nekazaria banaiz, bakearen alde eginen dute lan neure eskuek. Militarra banaiz, uko eginen diot armak babesgabeen kontra erabiltzeari eta nire kontzientziaren aurkako aginduak betetzeari.

Frantzisko Asiskoak hain ederki esaten zuen bezala, guztiak izan gaitezke *bakerako tresna*!

Gure eragin-eremutik, gure etxetik, gure eskolatik, gure atriletik, guztiak izan gaitezke munduaren salbatzaile!

Martin Luther Kingen beste bi aipu ekarriko ditut hona, azaldu dudana laburbiltzen dute-eta: «Iluntasunak ezin du iluntasuna kanporatu; argiak soilik egin dezake hori. Gorrotoak ezin du gorrotoa kanporatu; maitasunak soilik egin dezake hori».

Nire herrialdeko Defentsako ministroa izan nintzenean —beste toki batzuetan Gerrako ministro esaten diote—, legez kanpoko talde armatuen eta narkotrafikoko erakundeen aurkako erasoaldi militar eta poliziala gidatu nuen, eta txalo egin zidaten horregatik herritarrek.

Presidente izatera iritsi nintzenean eta gerrillarekin bake-elkarrizketak abiatu nituenean —delinkuentzia erreprimitzearren Estatuaren indarra erabiltzeari uko egin gabe—, traidore deitu zidaten askok.

Nahiago dut gerran baizik sinesten ez dutenei traizio egin, neure kontzientziari traizio egin baino.

Gaur, zuzen jokatu nuela uste dut. Gaur, aldarrikatzen dut beti eman behar zaiola aukera bat elkarrizketari, eta gauza garela —gu ere unibertsoaren sortzaile garenez gero— geure ahalmenak merezi duen oraina eraikitzeko, baldin eta iraganari eta haren ondore txarrei atxikirik bizitzeari uzten badiogu.

John Lennonek abesten zuen bezala, «bakeari aukera bat eman» behar diogu.

Ixten dugun ate bakoitzak, urratzen den elkarrizketa-mahai bakoitzak, ukatzen den su-eten bakoitzak pobreziaz, suntsiketaz, oinazez eta heriotzaz beteriko urte edo hamarkada gehiago ekartzen du.

Agian guztiok ezin izanen dugu esku hartu gizateriaren patuari eragiten dioten erabakietan —neronek ahal dudana egiten dut Kolonbiako presidente ohi eta Nobel saridun gisa, baita elkar aditzeko bideak bilatzen dituzten elkarteetan ere, *The Elders* izenekoan adibidez—, baina gutako bakoitzak bere partea eman dezake bere ahal guztiak baliaraziko dituen masa kritiko bat eratzeko.

Masa kritiko horrek munduko agintariei esan behar die aurrerantzean ez dugula onartuko bakeaz mintzatu arren gerrarako baliabide eta armak hornitzen dituztenen moral bikoitza.

79

Masa kritiko horrek gorrotoaren bultzatzaileei esan behar die badela modu bat lurra partekatuz eta planetaren aberastasun kultural eta ekonomikoak banatuz bizitzeko, oparotasunean eta inork inor baztertu gabe.

Masa kritiko horrek fanatismoak pozoitutako lider erlijiosoei gogorarazi behar die erlijio guztien izendatzaile komuna maitasuna dela eta maitasunak ez duela diskriminatzen, ez duela mendekurik bilatzen eta, jakina, ez duela gorrotoa edo erasoa onartzen; errukia eta ontasuna baizik.

Gaur eskularru zuri batzuk eman dizkidate, nire eskuek gorde beharreko garbitasuna irudikatzen dutenak.

Nire desioa da lider, soldadu eta gizaki bakoitzak erantz ditzala hainbeste mendez jantzi ditugun eskularru odoltsuak, bazter utz ditzala oinazearen katea iraunarazi besterik egiten ez duten erresuminak, eta jantz ditzala espiritu- eta intentzio-garbitasunaren eskularru zuriak.

Spinozak zioen bezala, «bakea ez da gerrarik eza; bertute bat da, gogo-aldarte bat, onginahi, konfiantza eta justiziarako joera bat».

Idealista al naiz? Baliteke. Urteak joan eta urteak etorri, pertsona idealistagoak edo mingostuagoak bilakatzen omen gara. Nahiago dut idealista izan.

Baina badakit ezen, idealak batuz, binaka, launaka, ehunaka nahiz mila banaka, gizateria berri baten oinarriak ezarriko ditugula.

Izan ere, berriz Lennon aipatuz, «ameslaria naizela esanen dute, baina ez naiz bakarra».

Campus Iberus partzuergoko lagun maiteak:

Bihotzez eskertzen dizuet gaur eman didazuen sari hau, eta hunkiturik onartzen dut ohorezko doktore-titulu hau, hemendik aurrera zuen komunitate akademiko handi honetako kide pribilegiatu bihurtzen nauena.

Ohore honek etengabe gogoraraziko dit bakearen aldeko ahalegin bakar bat ere ez dela alferrikakoa, ez nire herrian, ez munduko beste edozein tokitan.

Giza familia beraren parte gara, zeina ez baitago bereizia arrazen, erlijioen, iritzi politikoen eta orientazio sexualen arabera, baizik eta guztiz kontrakoa: dibertsitatean aberasten da, batzuetan elkar maitatuz eta besarkatuz, beste batzuetan eztabaidatuz eta elkarrengandik urrunduz, baina sekula ez elkarren kontra armak hartuz.

Izan ere, badakigu gu sortu ginen enbor beretik sortuko direla besteak, eta besteari egiten diogun kaltea geure buruari egiten diogula.

Baldin eta hori gogoan badugu, bat garela eta besteengan islatzen garela kontzientzian grabatuko bagenu, errukiaren eta maitasunaren erakusgarri bihurtzen bagara, konfrontazioaren ordez elkarrizketaren alde egiten badugu, orduan gure partea egiten ariko gara.

Hori baino askoz gehiago ez beharbada, baina hori bederen egin behar dugu.

Jaun-andreok, har ezazue nire eskerrik beroena.

Este libro se terminó de imprimir
en los talleres del Servicio de Publicaciones
de la Universidad de Zaragoza
el día 12 de febrero de 2025